无羞无悔，本真自我

真实的莉莉

［英］莉莉·柯林斯——著
杨颖兮——译

上海译文出版社

图书在版编目(CIP)数据

真实的莉莉：无羞无悔，本真自我/(英)莉莉·柯林斯(Lily Collins)著；杨颖兮译. —上海：上海译文出版社，2020.1

书名原文：Unfiltered: No Shame, No Regrets, Just Me.

ISBN 978-7-5327-8263-5

Ⅰ.①真… Ⅱ.①莉…②杨… Ⅲ.①莉莉·柯林斯—自传

Ⅳ.①K835.615.78

中国版本图书馆 CIP 数据核字(2019)第 143176 号

真实的莉莉：无羞无悔，本真自我

[英]莉莉·柯林斯 著 杨颖兮 译

责任编辑/周 敏 装帧设计/郭懿慧

上海译文出版社有限公司出版、发行

网址：www.yiwen.com.cn

200001 上海福建中路 193 号

上海译文印刷厂印刷

开本 787×1092 1/32 印张 7.75 插页 2 字数 64,000

2020 年 1 月第 1 版 2020 年 1 月第 1 次印刷

印数 0,001—8,000 册

ISBN 978-7-5327-8263-5/K·275

定价：52.00 元

为了所有曾感到孤独的人……

给全世界我有幸当面或通过社交网络结识的无比勇敢的女孩们：谢谢你们一直以来的支持、热情、鼓励和爱。你们坦露内心和分享故事的勇气激励了我，让我也能够和你们一样展现真实的自我。

Love Always

and

Forever

Unfiltered

No Shame, No Regrets, Just Me.

目录

Standing out in a crowd is
much more rewarding than
blending in.

第一章

与众不同的你才是最美的你

以前我对自己的眉毛特别不自信，它长得太有个性了。在我搬到洛杉矶上小学那会儿，正是细长的眉型最“潮”的时候，不过我当时只有六岁，还不怎么关注媒体和时尚圈，也没有追赶潮流和改换造型的意识。我只是觉得自己看起来与众不同而已。但十二岁时，青春期前的不安悄然萌生了——我变得非常在意我的眉毛。照镜子的时候，横竖看它不顺眼。这对又粗又浓的眉毛，占据了我的大半张脸。小朋友们开始拿我的眉毛开玩笑，我幼小的心灵受到了深深的伤害。我迫不及待想要结束这种羞辱，于是决定自己动手改变命运。

一天晚上，我和妈妈准备出门吃饭。出门前，我拿着镊子修起了眉毛。对着镜子捯饬了老半天，我退后几步，顾影自怜了起来。我觉得我完成了一件杰作：一对弧度优美，整齐匀称的俏眉。我得意极了！我们驱车前往餐厅，找了座位坐下，妈妈一路都没有提到我眉毛的变化。我很想知道她会作何评价，却又忐忑不安，在车上一直躲着她的视线。在餐厅面对面入座后，我就再也躲不过去了。妈妈坐在对面，盯着我，问我把自己的脸怎么了。起初她真的看不出哪里不一样了，半晌才恍然大悟。我说我觉得这眉毛修得相当不错。妈妈大不以为然。她告诉我，我拔掉了一半的眉毛，剩下的眉毛仿佛两条直线横跨脑门。我不愿相信她的话，开始辩解我为什么这么做。然后我跑去洗手间，使劲地盯住镜中的自己看了又看——哎，妈妈说得对，我的眉毛确实看上去一团糟。我实在不愿相信这个事实，霎时懊恼不已，闷闷不乐地回到了餐桌旁。妈妈本想安慰我，一边却说拔掉的眉毛可能再也长不出来了，这话反而让我更难受了。

我不仅生自己的气，还害怕我曾经浓密（虽然有点粗笨）的眉毛一去不复返，这副样子会让我永远像个笨蛋。

不过，“眉毛门”事件给我上了重要的一课。我被其他孩子的负面评价所影响，因为不自信而盲目改变形象，结果弄巧成拙，犯了个大错。妈妈正是因此而感到

失望。她希望我能意识到，为了迎合大众审美，我不惜舍弃了自己的个性。那时我觉得粗重浓密的眉毛一点儿也不美，它只会让我显得与大家格格不入，而妈妈教给我一个道理：“与众不同的你才是最美的你。”有个性并不是件坏事，与众不同也是一种美！

幸好，我的眉毛还是长回来了……虽然过程很漫长。不过，我再也不为它抓狂了。我用了很长时间才完全接受我的眉毛有多么独特和醒目，但我想通了之后就不再纠结！网络上每天都有人批评我的眉毛，有人说我应该剃掉它们，或者用蜜蜡脱毛，有人说我毛发太浓，我也只是翻个白眼，一笑置之。这些年来，我越来越喜欢我的眉毛，它也在我脸上越长越牢。眉毛已经成为了我的独家特色！虽然有网友看不惯我的眉毛，但夸它的人也不少，还有人问我能不能摸摸我的眉毛，就像抚摸佛像的肚子祈求好运一样！虽然有点不太理解这种请求，但我还是感到受宠若惊。我的眉毛定义了“我是谁”，而不再左右我的感受。它是我的一部分，这就是最重要的一点：它是我之为“我”的原因，是我的专属标志。每个人在世上都是独一无二的，所有能定义自我的个性，我们都不应拒绝排斥，而应该拥抱珍惜。

非常之处不仅限于我们与生俱来的生理特征，也包括我们的性格特点。从小到大，我一直对人们的所思所想很感兴趣，喜欢找各种理由结识新朋友。我由衷地渴望认识和了解形形色色的朋友，渴望让别人开心，同时让自己开心，以此收获满足感。我总在街上跟路人搭讪，夸奖他们，比如跟一位女士说我喜欢她的鞋，她的发型，或是她的裙子，甚至跟一个男生说他很帅。我的朋友觉得这么做非常奇怪，也不理解我哪来的勇气——当然，他们本身就不是特别外向的人。例如我九岁那年，和妈妈在游乐园排队，一个约摸三十几岁的帅叔叔排在我们前面。征得妈妈同意后，我上前对他说我觉得他很帅，并问他坐过山车的时候能不能坐在我旁边。我有点害怕，但我知道他的帅气能帮我分散注意力。可以想见，他起初吃了一惊，但最后还是同意了。看吧！跟陌生人打交道时，我总是勇敢得出奇，哪怕冒着丢脸出

谁愿意听我讲故事，我就会逮住他讲个不停，
哪怕是小矮人也一视同仁

糗的风险，我也特别想跟他们聊天做朋友。我还记得六岁的时候，在洛杉矶的威尼斯海滩①，我走到一个骑着哈雷摩托，浑身都是纹身的男人面前，用甜美纯真的英伦口音对他说："你的纹身真好看。"我相信他绝对没想到我会这么说，也不想让其他车友听到这话，但我打赌他心里一定挺高兴的。这就是我这么做的原因。我并没有想得到任何回报，只要能让别人开心，我便乐此不疲。作为一名演员，我做的事情与此很相似：我演绎一

① 威尼斯海滩（Venice Beach），洛杉矶景点，以海滨大道和众多冲浪地点闻名。

个个故事，希望给观众带来慰藉和欢笑。想要传递幸福是没有错的，这是非常美丽的事。

我古怪的不羁轶事还不止这些。从小我就喜欢和比我年长很多的人相处，我毫不介意跟大人之间几乎毫无共同点，反正我们一聊起来就滔滔不绝。有时我和大人比和同龄人更聊得来。他们会问我关于我这一代人的各种问题：这个词是什么意思？你们觉得什么东西比较酷？我觉得他们成熟睿智，风趣幽默。我总是邀请朋友的妈妈和我们一起聊天，可是我的朋友们往往不太愿意。我和我妈妈关系很好，所以我很喜欢听她的朋友讲故事，我觉得他们的对话特别有意思。也许和年龄三倍于我的人交朋友确实挺奇怪的，但我还真没多想，更何况他们传授给我的人生智慧令我获益匪浅。要做到坦诚待人，不偏不倚，实属不易。而谁不希望别人也能这样对待自己呢？

所以，我可不在乎别人是否理解我外向的天性和对交朋友的热爱！也不在乎我经常是屋里年纪最小的那个！我意识到，每当我认为自己出格怪异的时候，都是因为我假定别人在评判我。我们要格外警惕这一点。如果把自己和他人作比较，和媒体所推崇的作比较，你会破坏你的自我认知。即便我经常上杂志，拍电影，上节目，仍有好一阵子我还是改不掉拿自己和他人作比较的习惯。但是，一旦我接受了真实的自己，包括我那不同寻常的一面，别人怎么看我就不重要了，因为我喜欢我

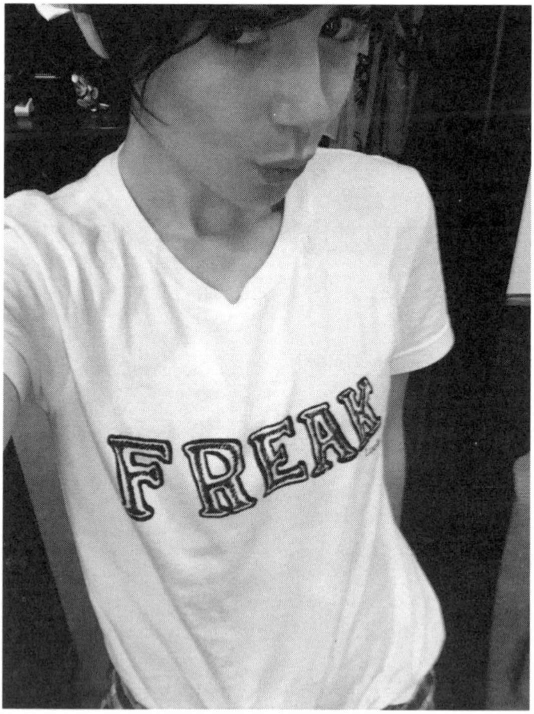

所看到的自己。别人之所以不认可你的与众不同，是他们自己的不自信作祟。听到此类评价，确实很难不往心里去。可是一旦我们当真了，就等于认同了这些评价，让他们有了杀伤力。

以前我算不上特别规矩听话——虽然现在也不太老实——但是如果每个人都中规中矩，墨守成规，那世界该是多么无趣？没错，绝对会变得死气沉沉。所以，让我们大胆展现个性，做最真实的自己。坦然接受自己的独特之处，正是它们让你与众不同。别把“不同”当作困扰，当作坏事，当作你我之间的分歧，“不同”应该是每一个人身上值得称道的品质。每当我自我怀疑，感觉自己像个异类时，我就对自己重复妈妈的箴言：“与众不同的你才是最美的你”。我始终牢记着，特立独行比随波逐流更有价值。

I will never need
anyone to complete me.
I am enough on my own.

第二章

“看到他是什么样的人，就相信他是什么样的人”

我发现有的人真的很擅长隐藏、假装、说谎。他们的想法、感受，甚至他们自己是谁，都是谎言。他们撒谎成性，说谎几乎变成了他们的潜意识，而且伤人极深。有时我根本察觉不到自己陷入了这些谎言之中，那往往也是我最困惑，最迷茫，最受伤的时候。

我自以为看人很准。洛杉矶群星闪耀，追星蔚然成风。我在这座城市长大，很早就学会了如何一眼看穿想和我做朋友的孩子的虚伪心思。可即便我从小就培养这种观察力，长大后，我还是没能幸免于难，陷入了一段糟糕的恋情，其中充斥着伪善的欺骗，偏执的狂恋，病态的依赖。虽然难为情，但我还是得承认我曾经深深迷恋于他的假面，一张他巴不得每个人都信以为真的面具。当掌握了某种权力的人在人群中选中了你（真实的权力也好，假想的权力也罢），身不由己是很正常的事情。他是什么样的人？和他在一起会是什么样的感觉？这些问题对我充满了吸引力，让我不由自主地想要一探究竟。但是，我所有的设想并非基于事实，只是我的一厢情愿罢了。

我被困住了。我按照他的喜好伪装自己，以此逃避自我迷失的残酷事实。谈恋爱的时候，感觉不对就已经够糟糕的了，更糟糕的是你还不相信自己的直觉，反而觉得是自己身上出了问题——一切都很好，他很好，我也很好；他是对的，我是错的；我犯了错，是我的不对。

起初我没有感到丝毫痛苦，我完全沦陷于他和“我们”，沉溺在蜜月期的热恋中。我所关心的只有如何在他面前保持完美形象，时刻让自己感到幸福快乐，让他没有理由离开我。但我越是压抑自己的想法，就越感到孤独。我根本没察觉到自己离朋友越来越远。他们屡次想让我看清现状，想要帮助我，但我就是听不进去。我不愿相信我看错了我的男友，也不愿相信自己受到了欺骗。

我和他大胆表达对彼此的爱慕之情，我们的爱情故事以光速发展。故事的开始，是满怀期待和小鹿乱撞。地下恋情一度是新奇刺激的，我们一刻不停地发短信，煲电话粥，互诉衷肠，看上去和任何热恋中的小情侣没有什么不同。

争吵在几个月后开始。我逐渐发现他不为人知的那一面：他唐突无礼，尖酸刻薄，动辄斥责他人。我们每天都在努力解决这些问题，他还给我写情书来弥补他的过错，深情诉说他有多么爱我，离不开我。他曾写道：我不知道没有你该怎么过下去，我好害怕。当一个女孩看到这样的话，你说她还能怎么办？这话给了我安全感，让我知道他需要我，我能让他感到安心和被爱。但同时我也感到很不舒服。我觉得自己很虚伪，因为一方面我确实想要得到他全部的关注，而另一方面他狂热的爱却让我害怕，我被这种爱压得喘不过气，仿佛陷入了失控的状态。可是我爱他，我不能想象没有他的生活。所以，我无视了这些红色警报，以为这些毛病能自己好起来。

后来问题愈演愈烈，连曾经让我容忍他恶语伤人的那份安全感都消失了。他的旧习压倒了情书带给我的所有安慰。他开始对我指手画脚，告诉我什么能做，什么不能做；该穿什么，不该穿什么。他告诉我，我做的每一件事都是“不得体”的——这个词给我留下的阴影一直延续至今。他对我大吼大叫，说我笨、瞎、蠢、自私，甚至骂我是个贱人。他让我觉得自己一文不值，甚至猪狗不如。某天晚上，他在电话里说我“贱人”，跟我没什么好说的，然后挂掉了电话。

他压制了我对内对外的所有声音。我的意见，他爱答不理。我的感受，他不屑一顾。我的身体越来越差。

我得了急性焦虑症[1]。坐在地上嚎啕大哭的时候，我惊恐发作，心脏几乎要从胸腔里跳出来。由于压力太大，我的皮肤长了疹子和痤疮。我甚至开始怀疑我的每一个想法，每一个选择。和他待在一起的时候，我基本是躲在他家里，百叶窗紧闭。即便我的好友、家人都知道我们俩在交往，可我俩还是得偷偷摸摸的。新奇的地下恋情和神圣的亲密感早已一去不复返。躲躲藏藏一点儿也不刺激，我们长期生活在被“曝光”的焦虑之中。我并不想对公众秀恩爱，能牵牵手我就心满意足了。

我彻底孤立了自己，我的世界变得非常狭小。他成了我的全世界，他让我觉得除了和他在一起我没有别的地方可去。他反对我和某些朋友见面，其中大部分是我多年的男性朋友。我的所有社交活动必须有他和他的朋友参与才可以。甚至连对我来说最重要的母女关系都受到了威胁。我成了一座孤岛，但不是独立自强的那种，

---

① 急性焦虑症（panic attack），亦称为急性焦虑发作、惊恐发作，表现为突如其来和反复出现的莫名恐慌和忧郁不安；发作时，病人突然觉得心慌、气急，有窒息感，是一种伴有躯体不适的情绪障碍。

恰恰相反，我完美诠释了何为病态的依赖。最可怕的是，我深深地害怕离开他我将变得一无所有，什么都不是。

我永远不会忘记语言暴力升级为肢体暴力的那一幕。当时，他勃然大怒，又说了很多难听的话。争执之中，他伸出双手，握住了我的脖子。我不太想用“掐”这个词，因为我不愿相信他会这么做。但这个动作让我感到极度危险，如晴天霹雳一般，促使我最终醒悟过来。我的亲朋好友曾告诉过我，他们觉得他的言行举止有问题，我们俩其实并不合适。但他们的顾虑只是基于事情的表象，他们根本不知道关上门后发生了什么，真相只有我和男友心里清楚。这件事让我惊恐万分，茫然失措。我想向关心过这件事的人求助，却又不想告诉他们事情的真相。我不想给男友惹麻烦，更不想因为沦落到这般田地而被他们看轻。

终于，妈妈鼓励我和有过同样经历的挚友好好聊一聊。我们聊了好几个小时，交流我们共同的经历，最后他坚定地看着我，对我说：“看到他是什么样的人，就相信他是什么样的人。”这是玛雅·安吉洛[1]说过的话。听到这句话，我豁然开朗。

我的男朋友喜欢大吼大叫，骂骂咧咧，他尖酸刻薄，我行我素。他一直都在向我展现真实的自己，是我自作多情，以为我能改变他。我以为只要我变成一个好女友，就能让他不那么易怒，不那么苛刻，不那么刻薄。但这只是徒劳。确实，这种和谐可能维持一天、一周，甚至一个月，但是如果他总是让我自轻自贱，怀疑自己的心意、勇气和才智，那么我就不应该和他纠缠下去。

和朋友聊完之后没多久，我就跟他分手了。我们很长一段时间都没有联系。但是——我知道你们一定会震惊于我接下来要说的——分开一段时间后，他说服了我和他当面谈谈。我们发现彼此都进行了自我反省，反思了如何才能更好地走下去。所以我们决定再试一试，这

① 玛雅·安吉洛（Maya Angelou，1928—2014），美国著名诗人、剧作家、编辑、演员、导演和教师，也是一位活跃的人权作家，一位非凡的女性。此处引用的原句为“When people show you who they are，believe them the first time”，出自 1997 年奥普拉·温弗瑞与玛雅·安吉洛的睡衣对谈，并被奥普拉奉为重要人生信条之一。

一次我要勇敢表达自己的观点，他要更加克制，学会体谅。

我迫不及待地想按照我们的承诺重新开始。我们对彼此坦诚相待，我觉得我们成熟了，这是好现象。可惜，这些都只是一厢情愿的“我以为”。

一切似乎都很顺利，我俩又恩恩爱爱了起来。他一直对我说他有多么爱我，他的情话打消了我所有的顾虑。他反复强调世界上没有第二个人像他一样爱我。我感到自己举足轻重，无可替代。虽然还是难免磕磕绊绊，不过我觉得那不堪回首的几个月仿佛消失得无影无踪，他彻底改过自新，像换了一个人一样。这些光明未来向我们招手的时刻，成了我不懈尝试的最大动力。

然而江山易改，本性难移。尽管我们尽了全力，但渐渐地他又变回了老样子。所有礼物鲜花和海誓山盟都失去作用的一天终于来了。我在他的言行中看不到一丝丝诚意，我也看出了他的威胁不过是虚张声势。

是时候再次寻求帮助了。这一次我给妈妈和朋友同时打了电话。他们请求我对自己好一点，让这些问题从我的人生中彻底消失。他们提醒了我，莉莉是何许人也？这一点唤醒了我沉睡已久的精神力量。我全神贯注地听着，终于，我听进去了。挂掉电话几分钟后，我便永远结束了这段感情，一段我的毫无自我的恋情。

那么我为什么忍了那么久？为什么执意要留下？因为不管怎样，他是爱我的，至少我当时以为那就是爱。他要么表现得仿佛暴力从未发生，是我夸大其词，要么只是一次又一次地道歉。每一次他都在消磨我的意志，久而久之我也对此习以为常，甚至觉得这都是意料之中的事情。那时候，我不知道他每天会是什么脾气，所以总是活在害怕和不确定中。不确定慢慢地变成了常态，继而被全盘接受。也许听起来很病态，但是在我俩甜甜蜜蜜的时光里，我深信没人会像他一样爱我，没人会像他一样待我。现在我明白了，这就是心理操控的最高境界。

我们彼此相爱。我以为他使我完整，他是我活下去的意义，因为他希望我这么想。我害怕说再见，害怕即便我们分开了，他还是能够控制我的决定和我以后的感情生活。我根本不需要谁来使我完整，我一个人就足够了。不幸的是，那时我还没意识到这一点。

我的直觉频频警告我这样不对。但我不断说服自己，是我需要改进，好让他不要质疑我、责骂我、生我的气。现在我看清了，他自己身上出现了认知危机，他感到不自信，于是他把这些问题全部都投射转移到我的身上。控制我能让他暂时忘记他连自己的想法都控制不了的事实。他对自己并不满意，于是他想让我也对自己不满意。当时的我深陷其中，我迫切地希望他接受我、喜欢我，所以我没有勇气跟他摊牌。直到我达到自己的极限，我的身体近乎全线崩溃，我才意识到我必须结束这一切。

我现在知道真正被疼、被爱和被尊重的感觉是怎样的了，不管是被他人疼爱尊重，还是自尊自爱。我一度无法理解当初自己为什么深陷泥潭那么久，现在回想起来，这都是因为我对自己不够自信，我不相信我一个人就足够了。我太过软弱，以为谈恋爱的时候不能和对方有分歧。其实，我完全可以捍卫自己的利益，为自己说话。在恋爱中表达自我绝不该被视为抱怨，我也不应该担心对方会因此离开我，而且说实话，如果他真的因此离我而去，和他在一起又有什么意义？

我不后悔我作出的决定，不后悔选择和他在一起，因为我相信万事皆有因，一切都是最好的安排。有时候，我们必须经历一些不愉快，才能知道我们真正的心意；必须和错误的人交往后，才能知道谁是对的人，他应怎样待我，我应受到怎样的尊重。这位前男友，以及在他之后的几位前男友，让我大大增进了对自己的了解。

感情暴力不可小觑。它非常危险，极度恶劣，而且比我想象的要更普遍。对我来说，恋爱中最可怕的事就是身处一片漆黑，前无半点微光。我爱他爱到不可自拔，他选择了我的事实也遮蔽了我的双眼，让我以为我必须完全符合他的期待，否则他就会离我而去。

“你看到他是什么样的人，他就是什么样的人。”我朋友的箴言一直在我耳畔回响，并改变了我的人生。我在玩味这句话的过程中意识到，我们稍不留意就会被戏弄、被蒙骗。我在和前男友复合之后才有所领悟，真正参透了这句话。随着我变得越来越强大，我愈发能够及时摆脱类似的困境，避免让自己陷得太深。我发现，其实情感操控不仅仅存在于两性关系中，而可能发生在生活的方方面面。我与我所爱的人、我的同事，甚至是街上偶遇的陌生人交往的过程中，都曾经历过相似的感情暴力和操控。世人各色各样，我不可能跟每一个人都处得来。只要我知道我能选择如何与人们交往，我能决定让他们影响我多少，就没人能让我泄气，熄灭我的光。没有什么关系比我和我自己的关系更为重要。我只需相信我的直觉，跟随我的本能，看到别人是什么样的人，就相信他们是什么样的人。

You deserve happiness.
You deserve to be loved
just as you love others.
You deserve everything.

第三章

接受我们应得的爱

这封信是为了提醒所有人，每个人都应当被温柔相待，每个人都应该获得尊重。不论我们过去曾被如何对待，都绝对不要屈就任何不够好的人。你可以把这封信撕下来，放在钱包里，钉在墙上，或贴在镜子上，又或者读完收起来，等雨天的时候再拿出来看一看。

给自己的一封信：

我知道我这个人有时非常不可爱，但我会尽力爱自己。有时我觉得自己不够好，不够强大，总之就是不够。那是最艰难的时候。它们挑战着我最脆弱的部分，挑起我内心的怀疑、压力和痛苦。但也是在那些日子里，我锻炼出了强大的内心，真正找到了自己。无论我曾经历过什么苦难，无论他人曾对我造成过什么伤害，我都不曾失去向前看的能力和决心。我不会放弃。我不会看轻或低估自己。我不能指望谁成为我的全部，或者依赖他人来使我完整。我本就是完整的个体。我的人生经历不能决定我是谁；我对这些经历的认知和处理方式才真正定义了我。别人待我不好，那不是我的问题，我更不必因此也对自己不好。我知道我曾有被抛弃的感觉，曾经感到羞愧、沮丧、受伤，也曾经为了忘却他人给我造成的痛苦而不惜伤害自己。但是这么做于事无补，因为我既不能改变别人，也无法改变既定事实。我必须睁开双眼，看见光亮。我知道黑暗的力量，我会逐渐适应黑暗，在黑暗中感到安心舒适，甚至开始期待黑暗。但是我不必这样。同时我必须承认，如果没有黑暗，我不会知道光亮是什么模样，所以黑暗不全是一件坏事。如果有人在我的生命中投下了阴影，我完全可以从中收获并成长。我不应该为他们对我说过的话、带给我的感受而固步自封，因为他们说的都不是事实；那些话一点儿也不友善，而我值得他人温柔善良以待。我的价值不取决于他人的行为，因为他们的行为根本无法反映我的价值。他们的一举一动体现了他们是什么样的人，而非我是什么样的人。爱一个人的时候，我会用力地去爱。我决不允许任何人践踏我的真心，也不会再让自己相信某个人是过去、现在、未来唯一会爱我的人。那不是爱，爱不应该给人带来这种感受。但总会有人给我真心实意的爱的。他们会尊重我，接受真正的我，而不会让我感到自卑。为了找到这个真命天子，我首先必须要相信自己，了解自己的价值所在。这么想、这么做不是自私的表现，我值得拥有幸福，值得像我爱别人一样被人爱，值得拥有一切。我必须原谅自己曾历经那些处境，原谅自己深陷其中，原谅自己屈就对方。对于我的过去，我没什么好羞愧的，原谅自己和原谅他人一样重要。现在我明白了，我应该做最快乐、最满足的自己。我保证，我会用这些经历丰富我的阅历，治愈我的心伤，拓展我的人生。就从我开始。为了从他人那里接受我应得的爱，我必须真正相信自己值得被爱。我确实值得。没有人能动摇我的信念。

我重视自己，尊重自己，感谢自己，接受自己。我爱自己，直到永远。

拥抱、亲吻

我

Love will find you again.
And you can never, ever
change yourself for
anyone or change yourself
to fix the relationship.
So if it isn't healthy,
say good-bye.

第四章

人间蒸发

我是神奇魔法的头号粉丝。我深深着迷于常理无法解释的现象和魔术师施展的魔术，从电影到现场表演，从《哈利·波特》到《第六感》，所有超自然主题都让我痴迷不已。但开始恋爱后，我逐渐了解到一种新的戏法，很多男生都是表演这种戏法的大师，我称之为“人间蒸发”。表演“人间蒸发”并不需要什么服装道具，也不需要谜语韵脚，只需要看上去相处不错的两个人确立某种恋爱关系，然后其中一个人突然“嘭”的一声，消失不见。这个伎俩有个更家喻户晓的名字，叫作“玩失踪”。

在所有我试图解密的把戏中，“人间蒸发”是最难破解的。你可能觉得我多少能够预见它的发生，但我从没成功过。这就是最糟糕的地方：我们几乎无法预见对方的突然失踪，只能事后不断自我怀疑，为他人的不成熟而责备自己。

我第一次遇到这种情况是在和一个男生交往了一段时间之后，当时他突然彻底跟我断了联系。前一天我们还一起出去玩，第二天他就来个“作战中失踪”①。我自然感到大惑不解，认为自己做错了什么事，但我不想显得太黏人或者太焦虑，所以我没有追究这件事。几周过去了，他不见踪影，音讯全无，直到我们俩意外地再度相遇。虽然我不想提这件事，也不想当众与他争吵，但我总不能什么都不说吧？于是我很冷静地质问他，你的突然消失毫无征兆，到底发生了什么事情？他敷衍了几句，说过几天会联系我，把一切解释清楚——他说他欠

① MIA，missing in action 的缩写。

我一个说法。呵，我再也没有收到他的消息！

把时钟拨到两年后，我再次遇到了这个男生，他又约我一起出去玩。我知道那句谚语："捉弄我一次，是你不对；捉弄我两次，是我愚昧。"① 但我倾向于往人们好的一面看，不轻易怀疑他人。所以当他告诉我，他成熟了，并且对以往不成熟的行为感到非常抱歉的时候，我选择相信他。我当真以为他变了！我们慢慢又开始隔三差五地约会。这一次我勇于表达我的意见和感受，我们的关系比以往大有改观。有天晚上他放了我鸽子，过了几个小时才发短信说："我们见面吧。"我推说太迟了，而且他这么做让我很不高兴。不到一小时，他就捧着花出现在我家门口，向我赔礼道歉。我以为事情在往好的方向发展……直到我发现他同时也在和我朋友发短信玩暧昧，约她出去玩。又来了！我就这件事与他对质，他解释说那只是朋友而已。我朋友给我看了短信内容，给朋友的短信可不是这么发的。第一次被发现后用

---

① Fool me once, shame on you; fool me twice, shame on me.（谚语）

这种理由我还能勉强接受，可是再犯就不能忍了。他答应第二天打电话给我，约个时间聊聊。他又说了那句话：“我欠你一个说法。”呵，时至今日，他都没有再联系过我。所以，我大概算是被同一个人玩了两回“人间蒸发”吧。下一次你对某个男生失望透顶的时候，记得我的惨痛教训！

第二次男友人间蒸发的经历，是在一段很认真的感情中。和他在一起的日子里，我对自己有了更深入的了解，我也感到有必要跟他严肃地谈谈他的成瘾问题。我以尽可能体恤但坚定的态度和他谈了这件事，我还挺自豪的——自己既鼓起勇气说出了这件事，又深有自知之明，没有过多插手他的问题。听完我的一番话，男友建议我们俩都先冷静地想一想，然后再沟通。我知道他需要一点时间来思考我的话，而我也需要认真思考我们的未来。

但我永远也不会知道他怎么想的了，因为我再也没有收到他的音讯！当时的我真的非常非常难过，那几个月里，我的语音留言和短信都仿佛石沉大海，我沉浸在困惑和心碎之中。但我并非冥顽不灵，尽管我会一直爱着那个男人，愿意陪他共渡所有难关，我必须放手让他走。如果他无法诚实面对自我，不愿积极采取行动，也无意与我沟通交流——那么我也该止步于此了。

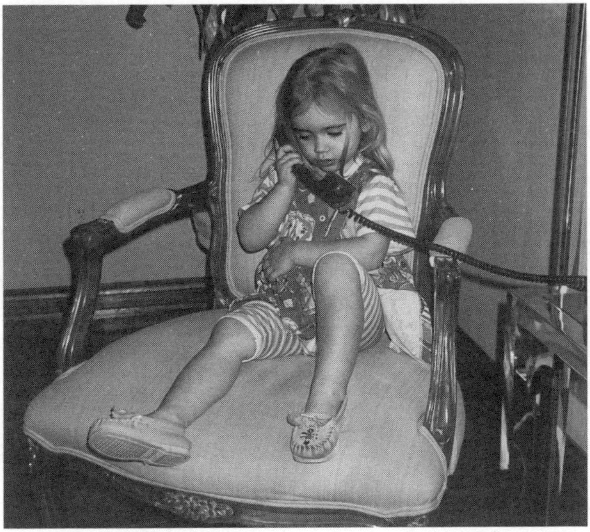

嗯……喂?? 我当时就该明白，他的沉默暗示着什么……

最近一次跟我玩失踪的人，一度让我以为他是个表里如一的绅士。我们约会了几个礼拜，那段时间里我们经常一起做有趣又刺激的事情。然后，在一次完美约会的第二天，我收到了那条短信。我明白他并不想开始一段严肃认真的恋爱关系（我也是），但我有话要说，不是发短信说，而是面对面地说。**你觉得他给我这个机会了吗？**根本没有！我没有收到任何回复。他说完他想说的，挥挥手就人间蒸发了。我的感受，我想要说的话，都被他彻底无视了。我再次感到受伤，失望，被轻视。真是够了！巧合的是，我在几周后的一个派对上见到了他，并且杀气腾腾地把他叫了出来。我看着他，微微一笑，看似漫不经心地问他怎么了，他反问我："什么怎么了？"呃……什么？**当然是"我们怎么了"！**我若有所悟地看着他，又问了一遍。他说现在不是说这件事情的时候，然后便走开了。我可不想事情如此收场，于是我追上去说，我不想让彼此感到尴尬，我只是在陈述显而易见的事实。他想要辩解，但没说几句便打住了，问我能不能找个时间容他好好解释。他希望给我个说法，也认为我应该得到解释（我确实应该得到解释！）。结果他就是个言语上的巨人，行动上的侏儒！即便我已经放弃等待他的解释，但说实话，和他公开对质，鼓起勇气挑明问题，让我好受多了。如果他是个懦夫，那也是没有办法的事。

只要稍加留心，你就会发现这样一个规律：一旦我揭穿他们的行径，或说出我的感受，他们便落荒而逃，仿佛无法承受对质的场面。他们放弃做一个成熟的人，放弃展开理性的对话，转而选择沉默。但他们的沉默反倒暴露了他们自己，由此我确定了他们不是我想要的恋人。可即便问题出在他们身上，我也逐渐意识到以后我要对自己多加保护，因为这种事情发生得越多，我就越敏感，越容易自我怀疑。所有“人间蒸发”的公分母是我，所以我自然而然地认为自己是症结所在。但是我们必须搞清楚，在这种情况下，你绝对不是问题所在，他们才是。我向你保证。

除了杳无音信的彻底失踪之外，还有一种我称作“情感失踪”的情况。他的人虽然和你在一起，心却不在你身上，有时这比彻底失踪还要糟糕。他们与我们见面约会，却根本没有认真听我们说话。这大概就是“选择性倾听”吧，我想我们都曾经历过。我曾经交往过一个男生，虽然他会对我的话作出回应，但他从来没有真正听进去过我说的话，他敷衍潦草的回复仅仅能够让谈话不中断地进行下去而已。他对我的无视要么是故意的，要么是因为他总在看手机。这让我很不高兴。**我就在你面前啊**！再比如，我非常关心一位戒断康复中的前男友的状态。我曾见过他对抗成瘾的挣扎，我的女性直觉告诉我他仍然在和心中的恶魔对抗。我一遍又一遍地向他表达我的担忧，但我感到他一直在逃避。尽管他在

总有一天我会出嫁的。希望我
别在教堂里被人玩失踪……

电话那头或坐在我对面听我说话，但他没有听进去。他拒绝我走入他的内心，也不愿与我对话。这种感觉就像我向他伸出手去，但就在我要抓住他的手的时候，我的手却穿过了他的身体，像穿过空气一样。

长久以来，我在恋爱关系中总是保持沉默，有时是我自己选择安静顺从，有时是这位前男友希望我如此。随着我年纪的增长和表达意见的增多，越来越多的男生开始人间蒸发！我鼓起勇气，自信地展现真我，然后他们便消失了。虽然有点难为情，但我不得不承认这一系列的消失事件困住了我好一阵子，往事重演的恐惧时刻萦绕着我。但是别灰心！真爱总会找到你的。绝对不要为了任何人改变自己，也不要在任何一段关系中委曲求全。如果这段关系是病态的，就大胆挥手作别。保持真我是最重要的事情。如果你像我一样勇于直抒己见、直面挑战，那么最终对的人会出现在你面前，他会理解你的坦诚，并将它视作使彼此强大的、性感迷人的品质。

There is a greater happiness to be attained: the happiness of enjoying myself to the fullest during the one life I have and accepting myself for who I am.

第五章

追求完美的战斗

食物是必不可少的生命燃料，这个道理适用于每一个人。但人们与食物的关系各不相同，由此便产生了人与人之间的差异。

无论是在英格兰生活的那几年，还是刚搬到洛杉矶的时候，我都从没为“吃”这件事伤过脑筋。那时我想吃什么就吃什么，甜点就更不用说了。我就是个茁壮成长的普通小孩，从来没有人让我对自己的形象感到自卑。正因如此，我一直无法理解长大后的我为什么过不了吃饭这道坎。而为了克服这个障碍，尽管过程缓慢折磨，这些年来我一直未曾放弃努力。

上小学的时候，食物承载了我太多美好的回忆：午饭，晚饭，和朋友一起玩耍，庆祝万圣节，参加体育比赛……可是，十六岁的到来改变了一切。我开始在意自己的身材，开始控制饮食，幸福感大不如前。当时，爸爸正在和我的继母办理离婚手续，作为高中生的我既要面对课业和社交的压力，同时还要兼顾正在起步的模特和演艺事业。重重压力让我不堪重负，爸爸的离婚更加剧了我的痛苦迷茫。在做一个普通少女和模特演艺双栖艺人之间，我失去了平衡。这两个职业都是我自己的选择，也都对我的外形提出了极为苛刻的要求。

高中生涯对青少年的自信心本就已经是个极大的考验了，这些额外的压力使得这一考验愈加严峻。从小我就是个运动积极分子，但是上高中后，我不再参与团队练习，转而“单兵作战”。如果放学后没有会议和试镜，我就会去健身房练上一个半小时。一天不健身，我的焦虑感就会排山倒海而来，一旦开始运动出汗，我便能立即感到放松和安宁，我的锻炼安排、日常作息、能量消耗、进食计划、卡路里燃烧量——一切尽在掌握之中，因此我的外形也尽在掌握之中。我知道这种强迫症式的思维很可悲，但当时的我深陷其中，无法自拔。在我越来越接近我所设想的镜头前的理想状态的同时，我对于除此之外的一切也日渐麻木。健身仿佛成了我给自己开的一副药。

尽管我总是泡在健身房，但我对每日食谱和进食量的控制从不懈怠。可以说我就是在挨饿。我只吃卡路里含量已知的食物，很少不按自己的“菜单”进食。真要是馋得不行了我就嚼口香糖，有的时候一天能吃掉好几包。告诉大家，口香糖非常伤胃，也许你在嚼的时候觉得挺好吃的，但它根本填不饱肚子。我对口香糖和咖啡严重依赖，每天靠这两样食物活着，以至于朋友们开玩笑说，看到我的时候，我不是在嚼口香糖，就是在喝咖啡。放学回家后，我会吃一点儿零食（然后在健身房里全部消耗掉）。晚餐一般是妈妈下厨，她的手艺是我从小到大的最爱，但是由于节食的缘故，有一些美味佳肴登上了我的“饮食黑名单”。我每天让妈妈做同样的饭菜，因为我对这些食物的卡路里含量心中有数。如果她做了计划外的饭菜，我的急性焦虑症就会默默地发作。每次出门吃晚饭，我点的食物都非常少，而且只在菜单的某几个部分里点菜。简而言之，为我下厨房，无趣；和我下馆子，扫兴。

起初，变化发生得很缓慢，所以妈妈和朋友们都没发现我出了问题。毕竟我又不是暴瘦几十斤——当然如果可以暴瘦的话，我求之不得。要是能一打响指就掉几磅肉，我大概会成为世界上最幸福的女孩。后来，人们逐渐开始注意到我体重的变化，他们看着我的眼神和对我的评价让我洋洋得意。我自认为瘦下来的我美极了，所有人都想像我一样苗条，谁要是有任何异议，肯定是因为嫉妒心作祟。减肥、追求我眼中的完美，成为了我的人生主旋律。就在那时，我患上了神经性厌食症①，与食物有关的一切快乐都消失了，我开始害怕和朋友一

① 神经性厌食症（anorexia or anorexia nervosa），指个体通过节食等手段，有意造成并维持体重明显低于正常标准为特征的一种进食障碍，主要见于13—20岁的年轻女性。

起出去吃饭，因为我不知道点菜时该点什么，也不知道如何才能在他们面前隐瞒我的问题。

从小到大，只有把盘子里的食物吃得精光我才觉得吃饱了，所以即便肚子已经撑得满满当当，我也要做到“光盘”。得了厌食症之后，我依然得保持这个习惯，因为如果不吃光盘子里的东西，我就觉得根本没吃饱，而且还会让家人朋友起疑。因此，我点的菜必须要非常健康清淡，我不能跟人共享一道菜，也不能尝试新花样。吃饭再也不是一项有趣的社交活动，而成了一件苦差事，一种惩罚。饭桌上的我疲惫不堪，如坐针毡，连说话也变得刻薄，一点也不讨人喜欢。但是，我的方法行之有效！一切尽在掌控之中！我很瘦！而在那个时候，这是我唯一在乎的事情。

大约从十六岁起，我开始对减肥药和泻药产生依赖，这种情况一直延续到二十几岁。我朋友向我强烈推荐一种功能药丸，说这种药能够加速新陈代谢，据说还可以溶解脂肪，她妈妈给她买了这种药。当时我觉得她妈妈真好，但现在回想起来，那个阿姨真是个极不称职的母亲。我知道我妈妈绝对不会同意我服用减肥药，所以我偷偷地到药店买来这种药，藏在房间的各个角落里。几年后，妈妈在浴室的置物柜里发现我忘记丢掉的药盒药瓶，才终于发现我的药物依赖问题。我很想相信这些药物对减肥有帮助，可是药物产生了强烈的副作用，导致我心动过速，头疼欲裂。记得有一天，我在课间吃了几片减肥药，没过多久便感觉天旋地转，头昏脑涨，不得不坐下休息。我无法集中注意力，而且十分易怒，身体状况时好时坏，动辄数周不在状态。这些都成了我的家常便饭。

更糟糕的是，随后我又出现了暴食和狂呕的症状。在我情绪不稳定的那段时间，我一度以为暴饮暴食也是掌控生活的一种方式。有时我下定决心不再这样惩罚自己，有时又实在馋得不行，只好暴饮暴食，然后再逼自己全部吐出来。我以为世上只有两种选择，要么暴饮暴食，要么滴水不进。我曾给自己立下规矩，某些食物绝对不能吃，连尝一口也不行，因为我怕吃一口就停不下来。但是，我又常常深夜逛超市，买回各种各样的垃圾食品，回到屋里一包接着一包狂吃，吃完好几盒饼干、冰淇淋、蛋糕，然后去洗手间统统吐掉。刚开始，我用牙刷催吐，后来改用发簪，最后成功练就了“一指神功”。如果能把吃进去的东西全部都吐出来，就算大功告成。一旦我发现有什么东西还留在胃里——通常因为我吃得太快太急，连喝点水的时间都没有——我便会陷入巨大的恐惧之中。我不得不泪流满面地跪在地上，使劲用手抠我的喉咙，使出浑身解数把放纵自己吃下的东西全都吐出来。

我很瞧不上这样的自己，同时又感到骄傲，因为我既满足了自己的口腹之欲，又无需为此“承担后果”，我可以尽情地摄入糖分和脂肪而不会发胖。但可怕的是，我对身体造成的伤害比我以为的要严重得多。在挨饿、减肥药、泻药、呕吐的轮番折磨之下，我不但元气大伤，身体机能也开始紊乱。我的头发和指甲失去光泽，变得干枯脆弱；我的喉咙灼痛，食管也疼；我的月经更是一停好几年，吓得我以为我无法怀孕了。我知道我已经把自己折腾到无药可救的地步了，可我又不敢面对现实，去医院好好检查一下身体。我多拖延一天，就可以多自欺欺人一天，多保持“完美”一天。我害怕变胖，害怕失去“完美”形象。我知道我的问题很严重，我分明可以选择更好的生活方式。但我就是停不下来，更糟的是，我不想停下来。

后来这件事情闹到连学校都开始干预了。我的辅导老师告诉我和妈妈，我必须获得医生开具的诊断书，证明我的体重在正常范围内且没有患病危险，我才能够重返校园。我终究还是没躲过看医生这一关。我担心如果体检时测出我的体重过轻，我的前程可能会就此断送，于是我在去诊所的路上拐进一家星巴克，一口气吞下好几块点心，希望能给自己加点秤。吃的时候没什么感觉，但等我回到家后，恐惧立即涌上心头：那些卡路里，那些糖分，就这么留在我的胃里，消化了，来不及吐出来了。所幸由于临时抱佛脚的暴食，我的体重恰好达到了合格线，顺利拿到了免死金牌一般的医生证明书。我又可以继续否认我的问题，继续默默摧毁自己的身体了。

那段时间还发生了一件事。当时我和妈妈回英格兰探亲，在开车回家的路上，妈妈突然想在某个地方稍作停留。我吓坏了，因为这个插曲并不在“日程安排”上。我习惯按照规定分量提前把每顿饭打包，这么做既能严格遵守我的每日食谱，又能为日常活动提供恰好足够的能量，所以妈妈突然改变行程的决定让我一时乱了阵脚。我们半路停了下来。虽然我嘴上不说，但是我实在是太焦虑了，连妈妈也察觉到了我的不对劲。她怎么可能注意不到呢？从那时起，我就再也无法控制自己的情绪，再也瞒不住妈妈了。负面情绪开始主宰我的生活，一个个问题渐次浮出水面——直到我彻底崩溃。

和饮食紊乱症①作斗争的那几年中，我的体重经历了大起大落。我一度骨瘦如柴，在 2008 年和 2013 年时甚至瘦到只剩皮包骨头。可是一旦体重有所回升，我便觉得自己像旧瘾复发一样，慢慢地又开始用老办法减

---

① 饮食紊乱症（eating disorder），亦称为进食障碍，是以进食行为异常为显著特征的一组综合征，主要包括神经性厌食症（AN）和神经性贪食症（BN）。

肥。总之对我来说，世上没有维持方案，没有折中选项，只有非此即彼，非瘦即胖。状态最差的时候，我感觉自己就像一个住在小孩身体里的女人，毫无女人味，也没有任何性欲。我完全沉浸在以瘦为美的病态审美之中，甚至还追着三岁左右的弟弟们问：我看上去到底胖不胖？时至今日，我依旧不敢相信我曾经跌入那样的深渊。

对我的疾病放任不管所造成的最坏后果，就是我欺骗了妈妈，而且一骗就是好几年。她没有及时发现我的问题，不是因为她粗心大意！在我生病之前，我和妈妈无话不谈，她了解我所有的不自信。我们曾是最好的朋友，所以向她隐瞒我的病情是件非常严重的事情。我知道，看到自己一贯阳光自信的女儿突然身陷自我怀疑的泥沼，她一定百思不得其解；我知道，眼睁睁看着我憔悴下去，她一定心急如焚；我知道，发现事情的真相后，她一定痛不欲生。她一直以为我只是个喜欢运动，嘴巴又有点刁的姑娘，从没想过我会成为健身成瘾、节食过度的病人。直到我向她坦白我的长期暴食和催吐行为，她才意识到我到底让自己受了多少罪。不出我所料，她觉得这都是她的错，是她不够关心我。其实真正的原因是我的谎撒得太天衣无缝了，我的痛苦，我的应对，甚至连真实的自我，都被彻底掩盖了。

现在的我不会再走上这条老路。我把自己与亲朋好友疏远得太久了。我说谎、骗人，甚至为此感觉良好。我在自虐中寻找安慰，在这些丑陋不堪的经历中我看到的是一个漂亮女孩。我在形象问题上浪费了太多时间，因此错失了许多高中本该有的美好回忆，也没能学会如何接受自己身体原本的样子。那几年，我完全不知道我的身体本该是什么样子，正常人应该有什么感觉。我必须重新适应来月经前的生理反应，我的身体必须重新适应对某些食物的消化吸收——时至今日我仍在慢慢调整。我得学习适度的原则。我记忆中最快乐、最安心的一天，就是终于鼓起勇气去看妇科医生的那一天。医生在检查之后告诉我，我的身体没问题，我以后可以怀上孩子。幸好，如此炼狱般的折磨没有给我的身体造成永久性的伤害。

以前我对自己的饮食问题总是闭口不谈，从今往后我下定决心要坦诚以对。我希望我的孩子不用像我一样独自面对自卑。没有人时时刻刻都自信心爆棚，照镜子时偶尔希望自己变美一些也是很正常的事情。但是，拿自己的身体出气绝对不是解决问题的办法，撒谎也没有任何帮助。其实，瘦，不是我真正的目标。我想要的是掌控我忙得团团转的生活，我想要接受真实的自己。在终于发现躲躲藏藏不能帮我实现这些目标之后，我承认自己遇到了麻烦，需要他人的帮助。我听取了妈妈和朋友们的建议，我试着更多地关心自己，试着将人生的长远目标置于短暂的满足感之上。至于独自一人解决不了的问题，我决定寻求医生的帮助。我一直希望能成为他人在需要帮助时会想到的人，所以主动寻求外界的帮助对我来说是一个意义重大的决定。如果需要我以坦诚主动的姿态来接受帮助，那我一定会张开双臂，敞开心扉。

治愈是一个持续的过程，与疾病的抗争将会贯穿我的一生。但我也明白了，世界上有更大的幸福值得争取：人只活一辈子，我会尽全力享受自己的人生，接受真正的自己，从中获得幸福。

My mom has instilled in me a true appreciation for life, an acceptance of who I am, and a greater understanding of what it means to be a mother.

第六章

我的妈妈：神话与传奇

我妈妈是世界上最酷的妈妈，过去如此，未来更是如此。说实话，我根本无法想象没有她的世界。我日日夜夜都为拥有如此美妙的母女关系而感到幸运。她是我的至交，我的灵感，我的榜样，我的闺蜜，我的犯罪同伙。如果我是右手，那么她就是左手！是，我们总是惹毛对方，让彼此抓狂（就像任何一对寻常母女一样）……但是再怎么吵再怎么闹，我的生活不能没有她。

妈妈对探索的热爱潜移默化地感染了我，让我学会欣赏生活和不同文化。不管课堂上教的是什么内容，古埃及历史也好，非洲大象也罢，或是印度、日本的异国风情，她都会带我去那个地方一探究竟，亲身体验。妈妈相信浸入式体验当地文化，像当地人一样生活，是学习的最佳途径。久而久之，我俩成了专业旅游二人组，练就了一身轻装上阵和野外生存的本领。

1999 年，为了我的美国传教活动课题，我们从洛杉矶搭乘火车前往新墨西哥州的圣达菲，游历这座城市和圣米格尔教堂，还参加了幽灵之旅。同年，我们在非洲学会了如何对头顶上的巨型蜘蛛视若无睹，体验了乘坐独木舟和敞篷吉普涉水跋山，见识了各种各样的美丽生物，并搭乘蒸汽火车穿越荒野。在厄瓜多尔，我们脚踩着赤道两侧，庆祝千禧年的到来。2001 年，我们探访伯利兹丛林中的废墟，乘坐摇摇欲坠的小飞机，连续几晚在被子里发现蝎子后，终于学会了捉蝎子。

2003 年，对日语一窍不通的我们成功搭乘日本火车出行，在古老的寺庙祈祷，还摸黑起床观看凌晨五点的鱼市拍卖。2005 年，我们参观了泰姬陵，乘坐游船游历印度的喀拉拉邦，沿着河岸观察当地人的生活日常。2006 年，妈妈在埃及度过了她的 50 周岁生日，实现了她一睹金字塔（我们先是在酒店实现了“看金字塔”的梦想，随后又实现了“登金字塔”的梦想）、参观图坦卡蒙墓、在沙漠中骑骆驼的梦想。在坎昆，她亲眼看着我的头发被编成酷酷的玉米辫——是的，我也有过那样的时期。

妈妈和我在非洲大象园外

那样的时期

人类奇迹！埃及金字塔前的好姐妹

说到和妈妈一起旅行，“探险”可不仅限于搭乘飞机飞到遥远的地方，探索自家后院也是生活的一部分。自我上小学以来，妈妈就常常带我和朋友们去大多数家长不敢带我们去的地方。不过话说回来，威尼斯海滩到底有什么吓人的地方？她带我们去听音乐剧，看魔术表演，逛跳蚤市场，看马戏，听演唱会，逛艺术展。她带我们见识各行各业的人，鼓励我们跨出舒适区，去体验未知的世界。她或许和大多数人的妈妈不太一样，但她就是她：我最酷、最有创意的妈妈。在她手上，所有问题都能迎刃而解；在她的悉心养育下，我的创造力和个性得到了最充分的释放。

每当我作出重大人生抉择的时候，妈妈都陪在我的身边。她总是静静地倾听我，支持我，提供她的意见，却从不强迫我作出任何选择。申请高中的时候，我对洛杉矶的哈佛西湖高中情有独钟。这所高中有上、下两个校区，新生在下校区上课，而这个下校区的前身西湖女校，正是十二年前我妈妈的母校。她陪我一起参加了入学面试，你说巧不巧，她以前的老师就是我的面试官。

他打趣地问我跟母亲像不像——因为如果我俩像的话，学校老师可得自求多福了。他还跟我说了很多令妈妈声名远扬的叛逆事迹，比如绣校服，穿厚底鞋，染头发。当时的她总是与主流传统背道而驰，不惧当一只出头鸟。不过他也向我强调，妈妈是个好学生，大家都喜欢她，只不过她的思考方式和表达方式有点与众不同而已。

在面试官问我和妈妈像不像的时候，我回答说我俩一点儿也不像，学校不用担心。我说的是实话。不过现在回想起来，虽然我从未像妈妈那样经历叛逆期，但我的胆量和表达自我的能力一定是来自她的遗传。她思想进步，不畏人言，这一点让我非常敬重。如果把高中时期的我和妈妈放在一起，我俩看上去一定毫无瓜葛：一个是叛逆女，一个是乖乖女。不过最近我愈发察觉到我和妈妈的相似之处，不仅是长相相似（我俩就像双胞胎一样，我很幸运哦！），性格也越来越像。我们都坚韧不拔，充满好奇；喜欢认识新朋友，体验新事物。

尽管我和妈妈的青春期大相径庭，但在我的成长过程中，我们母女俩在所有问题上都能相互理解。我们之

间无话不谈，我对妈妈完全没有秘密。我还记得月经初潮的那一天，开始剃毛的那一天，第一次想穿丁字裤的那一天，我都首先想到向妈妈求助。至于有关学校、男孩、性、药物、酒精之类的话题就更不用说了——你懂的，就是那些有趣的话题。我是有一万个为什么要问的青春期少女，她是我的单身母亲，我们只有彼此，所以她只好负责回答我所有的问题。这种开放而轻松的对话，让我能与他人坦然地聊起禁忌或尴尬的话题，我对新闻行业的热爱也由此而生。在妈妈的帮助下，我找到

了自己的声音，形成了自己的观点，逐渐获得了直抒己见的勇气，并开始鼓励其他年轻人也勇敢表达自己的想法。世上的母女关系千差万别，但我从我的母女关系中领悟到，无论是什么样的亲子关系，开放坦诚的对话都是维持良好关系的不二法门。没有对话，我们就无法理解彼此，无法连接彼此；只有心灵相通，我们的关系才会变得密切。

我会一直将妈妈传授给我的至理名言铭记在心，并且身体力行。比如我之前提到过的“与众不同的你才是最美的你”，还有从外婆那里传下来的“搞清症结，然后翻篇”。她教给我的这两句话简短而深刻，我愿意与每一位朋友分享。她用这些哲理教会我做真实的自己，勇敢表达自己。接纳自己的与众不同，意味着接纳自己的全部，包括缺点在内。她给了我力量，让我在最黑暗的时刻——无论是在我与饮食紊乱症的漫长斗争中，还是身陷糟糕恋情的那段日子里——也能忠于自己的内心。她始终陪伴在我身边，鼓励我，支持我。她总是坦诚地说出自己的主张，哪怕她知道有些话是我不爱听的。在我身陷情绪暴力却对事实视而不见的时候，她没有选择禁止我和那个男生见面，而是倾听我的诉说，慢慢引导我看清现实，让我自己逐渐想通一切。她引导我思考：是谁在这么对待我？他对我做了什么？在妈妈的帮助下我逐渐明白，我永远不可能改变对方，如果这个男生不能让我幸福快乐，我就应该离开他，去寻找对的人！我们没有必要选择将就，更没必要因为别人而对自己失去信心。

尽管我和妈妈的关系给我带来了这么多美好回忆，但随着年纪的增长，随着我变得更加独立，我们的关系也变得越发难以处理。我想拥有自己的生活，而妈妈不需要对其中的一切了如指掌。在独立的同时保持亲密的母女关系，这实在是给我出了个难题，加上我就在洛杉矶上大学，我们并不曾经历子女离家求学时的亲子别离，所以我的独立更加困难重重。虽然我在 20 岁的时候搬到外面自己住了，但我和妈妈仍住在同一条街上。我知道，既想保持距离，又想保持亲密，这种想法听起来就很矫情；相信我，我到现在也没想明白！我从没觉得住在家附近是一件坏事，我很喜欢走路就能回家的感觉！但是这确实不利于我的独立，反而让我和妈妈成型已久的母女关系更加复杂了。

还记得我十几岁的时候，每次周末和朋友出门，我都会心生愧疚，因为我不想让妈妈落单。如果我抛下她走了，她该怎么办？妈妈从未给我施加过这种压力，这都是我自我的烦恼。在我和妈妈这样既亲密又复杂的母女关系中，这种现象应该十分常见。我把不让妈妈孤单当作我义不容辞的责任，就像保护我是她的天性一样，即便我长大成人，这种责任感也从未消失。她仍是那个一手将我养大的单身母亲，但是我想开始独自探索这个世界，我要找到自己的声音；我绝不想让空间上的距离变成心灵上的距离，也绝不想让她以为我不再需要她参与我的人生，或不再在乎她的意见，不，我希望她能一直在我身边，但是我也想拥有一个独立的人生。

十六岁的时候，我第一次试着让自己独立起来，那恰好也是我的饮食紊乱症初现端倪的时期。在我高中快毕业时，妈妈和一个叔叔开始交往，我就理所当然地认为她肯定很忙，并以此作为我隐瞒病情的借口。她的注意力不再全部集中在我身上，我刚好利用了这一点。我把所有问题留给自己，好让妈妈拥有自己的生活，而她也一直以为我一切都好。结果妈妈在得知真相之后痛心疾首，自责不已。她甚至认为自己作为母亲是失职的。我不想看她这么责备自己，但我这么乱来怎么可能不让她难过？我对我最亲密的朋友说了谎，对一直鼓励我接纳自己的缺点并看到其中的美的人说了谎。我曾经深信妈妈的话，却在过度以自我为中心的病态心理的驱使下，抛弃了妈妈的智慧，更因此伤害了她。她用尽一切来爱我，鼓励我，而我最不想看到的事情就是她质疑自己没有当好一个母亲。

我的人生离不开妈妈的支持、鼓励和那一双可以依靠的肩膀。她给予我无比宝贵的建议，教给我无数人生的哲理。她让我真正学会感恩生活，接受真我，还让我明白了做母亲的伟大。虽然我一度离经叛道，但我现在彻底明白了当时我对妈妈造成的伤害，而即便如此，她依然展现出强大的内心和伟大的爱，我真的为她感到骄傲，对她充满感激。妈妈为了我放弃了很多，我若能有她一半好，就是我的大幸了。我的妈妈，真是世界上最了不起的女人。

Forever can be a beautiful thing. There's something so powerful about the way tattoos capture a moment in time for us to always remember.

第七章

文身的故事

每每想起我所钟爱的艺术品和时装，我总想知道它们为什么吸引我。每件艺术品中都蕴含着艺术家们的思想，但个人经验的差异却可能让观众产生完全不同的理解。而且时光流转，人的想法也会改变：也许曾经重要的事情变得不再重要，也许曾令我们着迷的事物魅力不再。我既迫切想要文身，又害怕文身，因为艺术永恒变幻，而文身却是一辈子的事。就算我在刚文上的时候喜欢得不得了，万一过了一周、一年，或者二十年，我不喜欢了怎么办？文身具有永久的属性，但年幼的我对永恒的东西毫无兴趣。我的想法一天一个样，我清楚自己的喜好，可我不是个“矢志不渝”的人。我喜欢换造型，喜欢改变卧室风格，喜欢收集不同的东西。“永远”让我恐惧，因为没有什么东西能永远不变。可话又说回来，我从小就强烈渴望文身，想把自己的身体当做画布。文身将人生的某一时刻永远定格在身上，使我们终生铭记，这一点拥有令我无法抗拒的魅力。它是美轮美奂的自我表达艺术，是个性和人生经历的独特标志，也是四海游子的家的底色——不管人在何方，家的一部分如影随形。永远也是一种美啊！

我人生第一次文身，把我手写的“爱，直到永远”文在了我的后背，因为我相信爱能够恒久不变，不管是对伴侣、对朋友、对家人还是对自己。我设计的每一个文身都有特殊的含义，通常与我所出演的电影有关。我的文身师非常细心地绘制我的文身（如果图案设计里有深色粗线条的话，可能要耗费几个小时），因此我能够很轻易地把它们藏在衣服下面，不影响正常工作。所有的文身都是由我自己设计的，当然也少不了妈妈和文身师的帮助。我第一次尝试文身，就非常幸运地遇到了天才文身师 Dr. Woo，我甚至都有点被他的技术惯坏了。Dr. Woo 的作品都很别具匠心，他本人也非常酷；他耐心，好沟通，总能把我的想法与他的艺术感和对细节的专注完美结合起来。我的文身体验愉快到欲罢不能，文身刚一完成，我就已经作出决定：下次文身一定还来这里。在写下这些文字之后，我很有可能再去找他文几个文身！我最近在考虑再文一只天鹅或者海马，说不定它们都会被我收入囊中，总之至少是二选一。

震惊脸，不是痛苦脸。Dr. Woo 为我文上我的第一个文身

我的有些文身是在进店前好几周就打好了草稿的，有些文身是提前几分钟才选定的，还有些文身是灵光一现，临时改变了原方案得来的。幸运的是每一个文身我都很喜欢！在第一次文身的一周后，我就紧接着预约了第二次文身，根本停不下来。这一次，我在手腕上文了一个组合图案，用我的名字 Lily Jane（莉莉・简）的首字母“LJ”组成了一个爱心，这也是为了纪念我生命中名字以 J 打头的重要的人（有不少呢）。爱心两侧是天使羽翼，上方是用来提醒人们（包括我自己）我的文化传统的英国皇冠。

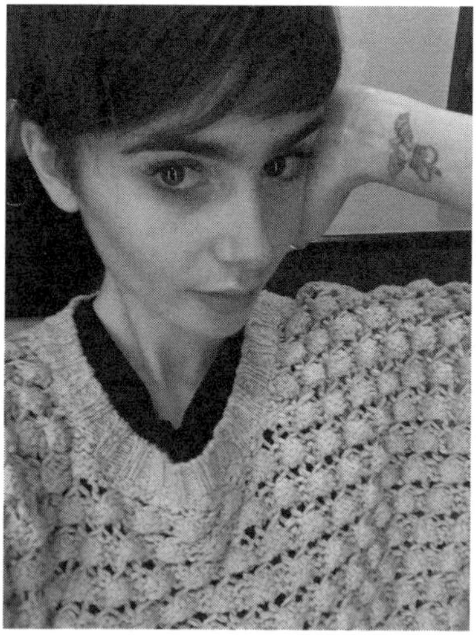

终极胳膊蜜糖

在那之后，我强迫自己先缓一年再文第三个文身(好难啊!)。在一年之期就要结束的时候，我的文身欲早已按捺不住了。彼时恰好我刚完成《爱你，罗茜》(*Love*，*Rosie*，2014）的拍摄，在都柏林拍摄期间，我读到一首艾丽斯·沃克[①]的题为《这朵花的天性是绽放》(*The Nature of This Flower is to Bloom*）的诗，产生了强烈的共鸣。我想把这首诗的标题和一朵花的形态结合起来作我的文身。我曾经考虑过百合花，但最后还是选择了英国玫瑰，因为玫瑰和我剧中角色的名字“罗茜(Rosie)”更加契合。我手写的文字构成了花茎，我还设计了一片飘落的花瓣，寓意着我既像玫瑰花瓣一样脆弱，又像玫瑰花朵一样坚强。我把这个图案文在了脚背上，如此一来我低头就可以看见它，并联想到它的含义。把它文在脚背上让我感到身心踏实，因为这句话道出了落地生根，枝繁叶茂，华丽绽放的人生哲理。

---

① 艾丽斯·沃克（Alice Walker，1944— ），普利策奖得主、小说家、诗人和社会运动人士，代表作品有《紫色》(*The Color Purple*)。

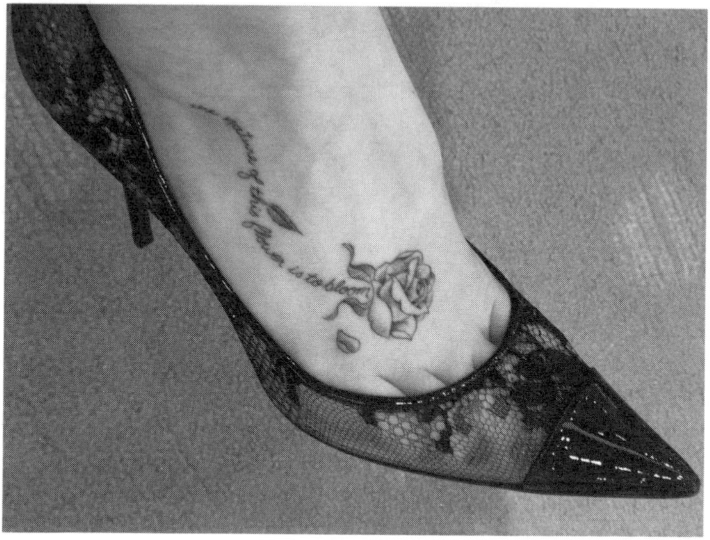

我的第四个纹身文在了身体左侧，并延伸到左胸下方。那是一个小芭蕾仙子坐在月亮上，吹着蒲公英，飘在空中的蒲公英的种子构成美国诗人詹姆斯·布劳顿[1]的一句话："真正的精致绝不脆弱。"[2] 芭蕾仙子是我亲爱的外婆，她叫简，曾是著名芭蕾舞蹈家；月亮代表着我经常对父母说的那句话，"我爱你，爱到月球再回来"；蒲公英寓意着许下愿望，把它送到全宇宙，希望

① 詹姆斯·布劳顿（James Broughton，1913—1999），美国诗人、剧作家和电影制作人。

② True delicacy is not a fragile thing.

有一天能够梦想成真。布劳顿的这句话时刻提醒我，精致敏感与顽强不屈并不矛盾，我可以成为一切，我就是一切。这个文身每一天都提醒着我自己是多么百折不挠，尤其是在我遇到困难的时候。

2016年春，我在韩国拍摄电影《玉子》（*Okja*，2017）。在韩国，文身并不违法，但是只有注册医生才有资格进行文身，所以韩国的文身行业还是有点见不得光。因此，在首尔文身就成为了我一定要完成的挑战任务。我找到了一位名叫Doy的文身师。他的作品巧夺天工，精细的线条和精致的美感与我的其他文身如出一辙。他的设计饱含强烈的情感，摄人心魄。我必须要让他为我的韩国之旅留下纪念。我和朋友一同前往他的工作室。和我以前去过的文身店相比，他的工作室实在是太与众不同了：没有熙攘的客流，没有喧闹的音乐，也没有皮革装饰，他的工作室里只有蜡烛、木头、安宁与平和——不过是在我们打开音响，大声播放音乐调动气氛之前。我们是唯一的客人，店里的气氛安宁祥和，令人放松，我差点都睡着了！文了这么多次文身，我已经习惯了文身的感觉，一点儿也不觉得疼了。文身的全程美好而超然，这种感觉也体现在了我的文身上：那是一朵睡莲，一个年轻女子（就是我）抱着自己坐在莲叶上。这个文身是为了纪念我一个月前刚刚杀青的电影《骨瘦如柴》（*To the Bone*，2017），“爱自己”和“接受自己”正是这部电影的两大主题。

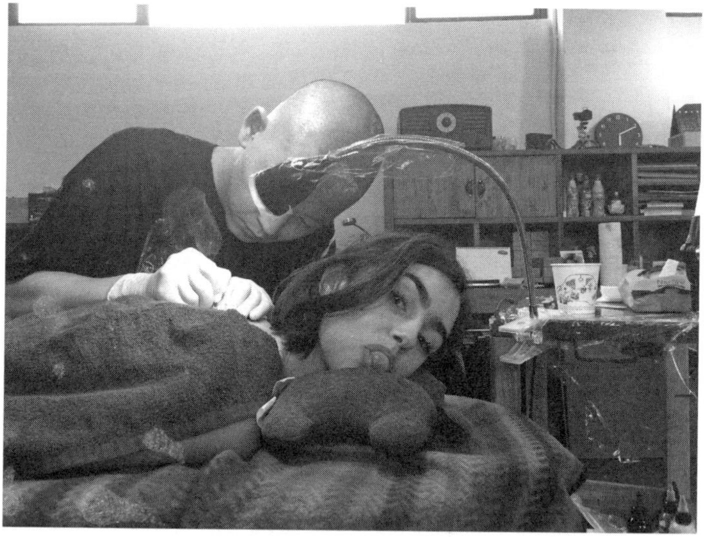

非常享受 Doy 的文身，一点、一点、一点地文

我的文身不只是漂亮悦目的艺术品而已，它们是重要的纪念，是我的一部分，它们代表我人生不同章节的

故事，给予我对“永远”全新的理解。不是人人都喜欢文身，但文身让我变得与众不同。不管文身让我变得多么矛盾，我爱我的文身！

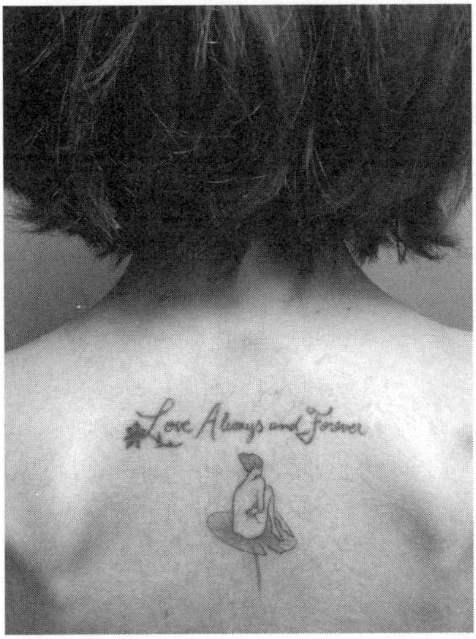

故事才刚刚开始。千万别走开……

Don't live a boring life
if you can add a little
silly into it every once in
a while.

第八章

犯蠢有趣，寻常无聊

我从来不为犯蠢而难为情。人生苦短，不值得为这个浪费时间。我们要把宝贵的时间用在我们所热爱的事情上，就算别人不理解也无所谓。何况他们有什么资格决定什么奇怪、什么不奇怪？他们制定了“酷”的标准吗？我们的人生因投身于各自的爱好而与众不同，什么“书呆子”“怪咖”“疯子”“怪人”“傻蛋”……如果这些外号意味着开心度过每一天的话，那我欣然接受！

我在下面列出了一些我认为有意思的事情。人们可能不太理解我的这些爱好，也可能对此持有偏见，但是我一点儿都不在乎。做无拘无束、随心所欲的蠢莉莉要比中规中矩的乖莉莉有趣多了！人活一生，大多数时候都在按部就班地过，不敢有一丝一毫的差池。所以如果有什么事能让我日常乐一乐，我来者不拒！

1. 我一直都很喜欢化装打扮，不管是为了学校的话剧表演、万圣节的化装舞会还是仅仅穿着好玩。在我成为演员之前，化装打扮是让我扮演别人的最好的机会，我也非常珍惜这个机会！我从不穿那些搭配包装好的成

品（并不是说它们不好），而会把古着店和饰品店逛个底朝天，翻遍妈妈的衣柜，自己搭配出满意的装扮。

从小就喜欢混搭，风格大胆

我甚至还会提前好几周就开始谋划，想出非常古怪的点子。有一次，我打扮成时尚警察，穿得花里胡哨的，腰间围个腰带，上面挂满各种美容美发工具，还为发型不好的人准备了电吹风。我甚至还准备了罚单，看到打扮不合格的人就开罚单。相信我，那天我开了好多张罚单。

身为时尚警察，我觉得
我应该给自己开张罚单

2. 十月来了又走，万圣节过去了，但我对化装的热情丝毫不减。每年春天，我都会和朋友前往洛杉矶城郊参加“文艺复兴节”①。我第一次参加这个活动的时候还很小，就跟妈妈两个人，从那以后它就变成了每年我最期待的节日之一。我至今还会穿十四岁那年在“文艺复兴节”上买的衣服呢。不过我长高了，衣服也不太合身了，所以我从当年的小公主变成了如今的年轻乡下姑

① 文艺复兴节（Renaissance Faire），常见于美国的一种复古集市或聚会，主办方和参与者们通过搭建场景、举办活动、化装和角色扮演共同模拟某一时期的社会风情。

娘。但我完全不觉得不好意思！我为自己多年的坚持而感到骄傲。我们在集市里跑来跑去，放声高喊，"Huzzah!"[①] 我们吃玉米棒，吃大酸黄瓜，和见到的每一个仙女合影，向伊丽莎白女王和她的侍女行礼，与其他爱好者聊天，为誓要拼个"你死我活"的骑士决斗加油喝彩。虽然这些事情听起来十分可笑，但我可是沉迷其中，不可自拔。我们几个朋友甚至每年都从世界各地飞回来参加这个节日，这是我们的约定。

当时……

① 表示喜悦的欢呼声。

……现在

3. 我爱死了《哈利·波特》。《哈利·波特》系列的每一本书、每一部电影我都看了无数遍，但是如果碰巧电视播出的话，我还是会坐在电视机前，一段接着一段地跟读赫敏的台词，假装自己是她。这一整套系列就是有种让我非常自在的感觉！它伴我度过童年，让我沉浸在故事里，找到了自己的乐园。我还记得妈妈出门逛街的时候，我就在家里的角落席地而坐，安静地阅读。小时候，我没什么特别痴迷的东西，但我会在《哈利·波特》新书上市的时候到书店门口排队，在《哈利·波特》电影上映的第一时间买票观看。我依稀记得我在参观伦敦华纳哈利·波特制片工厂①的时候穿上了魁地奇斗篷骑扫帚——拜托，我怎么可能放过这个机会???

4. 我还有个充满罪恶感的爱好，就是逛主题公园，尤其是迪士尼乐园。如果可以的话，我愿意在迪士尼乐园度过每一天。也许是因为迪士尼让我变回了孩子，也许是因为那时候的我喜欢扮演童话公主（现在也是……），总之不管我多大了，我在主题公园总是玩不够。成年后，我还常在迪士尼公园过生日，而且一点儿也不感到难为情。我喜欢在迪士尼到处闲逛，喜欢看第一次体验神奇童话世界的小朋友们看到卡通人物和坐过山车时那激动的模样。我喜欢和朋友一起戴着米老鼠耳朵的发饰，尖叫着坐各种各样的过山车。我喜欢看烟火表演，沉浸在魔法般的梦幻光影中。我把每一次的迪士尼

① 伦敦华纳哈利·波特制片工厂（Warner Bros. Studio），位于伦敦郊区的利维斯登（Leavesden），曾是《哈利·波特》电影的拍摄地，后被华纳兄弟买下，改建成供游客参观的制片工厂，2012 年起对外开放。

之旅都当成第一次，永远不会感到厌倦。我不会让这些美好的回忆老去，等我有了孩子，我一定会带着他们把迪士尼从头再玩个遍。

不管你信不信，我现在看到她依然非常激动

5. 当我还是个坐在婴儿车里的小宝宝时，妈妈就推着车带我去逛跳蚤市场了。不过我经常得在逛了几个小时后下车步行，因为妈妈买的东西实在太多了，需要用我的婴儿车来装（谢谢你啊妈妈!）。我们常常天不亮就动身，在英国乡村或洛杉矶的市场穿梭，一直逛到最后连摊主都收摊了才依依不舍地离开。有时，所有人都收摊回家了，我和妈妈还不愿离开。我们甚至会翻看垃圾箱，开车一路搜寻摊主遗弃的东西。我知道这种行为听起来很诡异，而且也不卫生，但是大多数被遗弃的东西根本完好无损，即便我们不把它们带回家，它们也会被清理运走。我们还真找到了不少好东西。有一个蓝绿配金色的镶珠钱包，我带回家清洗干净后，带着它去了格莱美奖[1]颁奖典礼，那年我爸爸因为《泰山》（*Tarzan*，1999）电影配乐《永驻我心》（*You'll Be in My Heart*）获得提名。在走红毯的时候，有人问我这钱包是哪里买的，我厚颜用法语回答"La Poubelle（垃圾桶）"，听起来超级时尚吧！有句老话说得太对了，"一个人的废物是另一个人的宝物"[2]，那个钱包现在还在我的衣柜里呢。

我以为小时候淘古着淘得太多了，长大以后应该不会再对这件事有什么兴趣。但是，现在的我不管去到哪

① 格莱美奖（Grammy Awards，简称 Grammys），美国录音界与世界音乐界至高奖项。每年 1 月底或 2 月初由国家录音艺术与科学学院（NARAS）颁发。

② One man's trash is another man's treasure.（谚语）

里，都要找一找当地的市场和古着店。我依然喜欢四处闲逛，发现宝贝。谁知道我会找到什么奇珍异宝呢？以前，我喜欢搜集同类同款的东西，比如豆豆娃①（超喜欢！）、辣妹组合②玩偶（我有好多个！）、钥匙扣、金属饭盒、爱心熊③等。现在我不再收集一样的东西了，不过寻宝收藏的过程依旧让我激动不已。

---

① 豆豆娃（Beanie Babies），一种使用豆状PVC（聚氯乙烯）材料作为填充物的绒毛玩具，最早由美国人哈罗德·泰·华纳与他所创设的Ty公司（Ty Inc.）发明生产，由于其限量的特点，有着惊人的收藏人数与交易量。

② 辣妹组合（Spice Girls），英国女子流行组合，于20世纪90年代末横扫欧美乐坛，取得了全球范围内的成功。维多利亚·贝克汉姆为组合成员之一。

③ 爱心熊（Care Bears），诞生于美国，起源于贺卡图案的一系列彩色卡通熊形象，后衍生出玩具、电视节目、电影等，风靡全球。

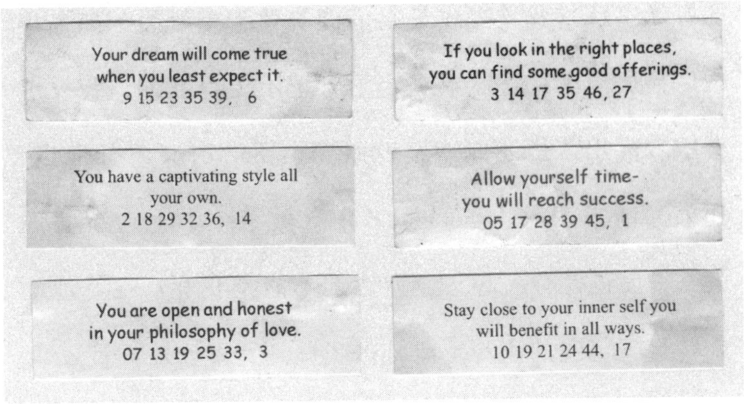

6. 接下来的这些也都是让我非常快乐的傻事，排名不分先后：我超级爱吃酸黄瓜，爱吃苹果，喜欢喝放了几小时后凉掉的热茶。我喜欢阴影，喜欢在走路的时候低头看路，寻找隐藏着的街头艺术。我无时无刻不在抹免水洗手液和护手霜（我没有臆想病，只是爱干净）。我喜欢黑白照片，用黑白呈现的一切都多了一抹浪漫色调。我喜欢在别人合照的时候突然凑过去入镜。在卸浓妆的时候，我喜欢用化妆棉把自己的妆抹花，我称之为“莫奈妆”。我从上小学起就开始收集所有看过的电影票、演唱会票、博物馆门票的票根（现在都保留得好好的，我甚至能回忆起分别跟谁去的！），还有好运饼干里

的好运字条，我觉得收集它们能给我带来好运。如果车载广播放出了我喜欢的歌，不管记不记得歌词，我一定会跟着唱出来。我非常喜欢跳舞，不分时间不分地点。如果舞池空无一人，我从不介意做第一个上台跳舞的人——反正得有人起头，为什么不能是我呢？在舞池的旋转灯下，我的高冷形象常被我抛到九霄云外。

跟你说了我超爱酸黄瓜，插在木棍上也照吃不误

7. 除此之外，我喜欢笑。我喜欢和家人朋友一起突发奇想地做好玩的事情。与真正让我们感到轻松愉快的

人相处时，我们所展现出的稀奇古怪的一面，我们乐在其中的事情，便成为了我们身上最可爱的地方。无拘无束的生活，很美。尝试新事物的感觉，很爽。别普普通通地过一生，偶尔犯点蠢，生活更美妙。

Every one of us wants
our parents to tell us
how great we are; every
daughter needs to know
her dad loves her and
truly feel he means it.

第九章

给所有父亲的一封信

父女关系总是很复杂。我们对爸爸的爱是全心全意的，但他们也常常让我们抓狂，有时候他们过分保护我们，有时候又根本不管我们。随着年龄的增长，我愈发意识到，我与爸爸的关系塑造了现在的我，他让我对自己的认识更为深刻。尽管如此，我们的父女关系也并非一帆风顺，这一路走来颇为坎坷。

在父亲面前说起某些话题我总觉得别扭，但这是常有的事。很多做女儿的都不敢对父亲畅所欲言，因为我们不想让他们难过、失望、不自在。我们想象父亲希望看到怎样的自己，然后根据这种想象来塑造自己。在成长过程中，我总是害怕辜负了爸爸的期望，所以我一直力求保持最佳状态，做一个乖巧懂事、成绩优异的乖乖女。这么多年下来，我对完美形象的苦心经营让完美成为了我的常态，我的刻苦不再令人惊叹，只是理所应当。爸爸从未明说或者暗示我让他失望了，但我的言行不再得到他主动的关注和表扬，因此我总觉得自己做得还不够好，我还不够优秀。即便长大成人之后，我们做女儿的还是想当爸爸的小公主。但是，我们更需要破茧成蝶，学会做自己。

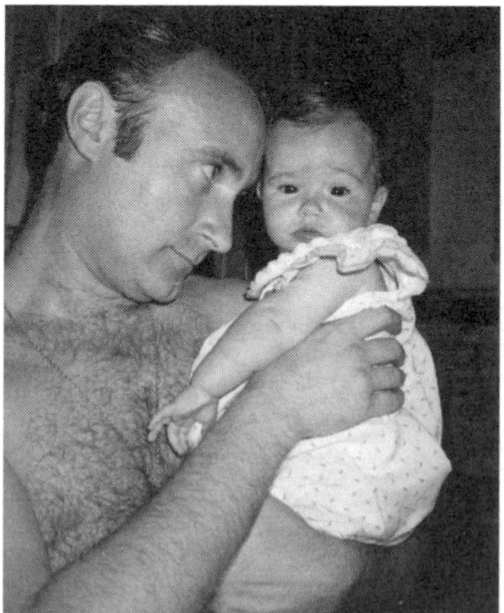

我的父母在我五岁那年离婚，爸爸从英格兰搬到瑞士，一住就是二十多年。这些年来，虽然爸爸还健在，但他对我而言仿佛早已不在了。我知道他爱我，可他并不在我身边，我想这种感觉大概和爸爸人在心不在的感觉很像吧。不管是人不在，还是心不在，年幼的孩子都会因此受到影响。每个人都希望得到父母的夸奖和鼓励，每个女儿都希望真切感受到父亲对自己的爱。因为爸爸总是不在身边，所以我绝不会做出任何将他推得更远的事情。我和他说话时总是小心翼翼，字斟句酌。我担心他以为我生他的气，或者我不爱他。而说实话，我确实很生气。我很想他，希望他陪在我身边。但我无法改变他的缺席，也无法理解他的缺席，这一点实在太痛苦了。我以为我的这些情绪都要小心地藏好，不能被爸爸发现，没想到这么做却让我们渐行渐远。这么多年来爸爸都不曾发现我在隐瞒自己的真实感受，恰好说明他其实并不了解我。因为我什么都不说，他就以为一切安好，结果让我们的关系更加疏远，恶性循环。我发现我内心深处不自信的源头正是我和爸爸的关系，我花了十多年才解决了其中一部分的问题（其他的问题我还在努力解决中），终于有了和爸爸坦诚对话的勇气。

虽然每对父女的故事各有不同，但同为女儿，我们仍然可以对彼此的感受和挫折有所共鸣，并互相帮助，增进对父女关系的理解和认识。父亲并不总能满足我们的期待，他们甚至未必能给我们提供生活所需。此时请务必记住，看见别人的弱点是一种可贵的天赋。这种天赋让我们能够后退一步，调整与他人的交往方式，也为自己省去了把他人的错怪到自己头上的痛苦。明白了这一点后，我们就该表达自己的真实想法和感受了。

我们要让父亲知道我们依然需要他们，即便他们过去曾犯过错，但纠正错误永远不嫌迟，这对双方都有帮助。

我会永远支持你

可是，这样的对话才没有那么简单！有时候，爸爸虽然在听，但左耳进右耳出，完全不走心。后来我发现写信挺管用的，用文字表达我们的想法，可以把感受准确地传达出来，也方便对方反复阅读体会。一封信也是一张邀请函，一个邀请爸爸和成熟、自信、坚强的我们进行更加深入的对话的机会。如果需要的话，你可以给你爸爸念念下面这封信，或者参照它自己写一封，希望它能够帮助你更好地表达自己。请记住，爱是世界通用的语言，只要你的信情真意切，你的爸爸就不会因为你的勇敢而责备你。你只要保持本心，坦诚地告诉他你的感受就好。

亲爱的爸爸：

不管我几岁，我永远都是你的小姑娘。不管我多么成熟（或者自以为多么成熟），我永远尊重你的意见。我永远需要你。我希望你常来找我了解我的近况，别担心我会嫌你烦。就算我嫌你烦，我内心还是很享受你的唠叨的。如果我指出你让我伤心或者看不惯的地方，请一定不要误会，我对你的爱丝毫不减。不要认为你犯的错误不可弥补，其实能不能弥补并不重要，重要的是怀抱改变的决心面向未来。我不是在翻旧账，更不是在拿你以前犯的错指责你。我只是希望让你了解我的感受，以及日后如何避免再犯那些错误。不仅要记住开心的往事，也要记住伤心的那些，这对我们两个都很重要。我想和你分享我大大小小的成功和失败。我知道我已经算个大人了，可我仍然需要你的帮助，渴望得到你的帮助。尽管我不停地告诉自己我不需要你的赞许，但我依旧在很努力地寻求关注，想要得到你的拥抱和肯定。我还像个小女孩一样，不敢说会让你不高兴的话，不想让你失望。但我会有搞砸的时候，我们都有，你也有。可就算搞砸了，所有这些“娄子”的初衷也都是想让你为我感到骄傲。我是你的骄傲，你爱我，这些你都告诉过我；但是时不时再听一遍这些话也挺好的，尤其在我俩天各一方的时候。只要三言两语的一通电话、一条短信或者一封邮件，偶尔问候一下，就足够了。来了解我的近况吧，可能你觉得我很忙，我也确实很忙，但即便我没什么时间看手机，我也希望在收工的时候看到你在挂念我。因为我时刻挂念着你。

有时候我想要做拿主意的那个人，作出漂亮的决定，但你才是家长，所以我始终需要你。我希望不管我多大了，你都能（也愿意）与我对话，教我做事做人；不仅和我一起做有趣的事情，也陪我一起应对困难棘手的问题。每个人都要作出选择，虽然我不能原谅你所作出的某些选择，但过去的事就让它过去吧。我在慢慢地学习如何接受你的选择，并且坦率地告诉你我的真实感受。对于一切你做了或没做的事，给过我或没给我的东西，我学会了接受并珍惜它们带给我的那些悲伤与愤怒。我懂得了许多，我的眼界和心胸也豁然开朗了许多。我现在理解了，我们的问题不在于我要如何改变你，而在于我应该如何接受真实的你。

我正在改变。我渐渐地拨开重重迷障，一步步了解最真实的自己，摸索走出黑暗时期的道路，探求我之为我的奥秘。我想请你见见我正在找的这个女孩，请你和我一起快点找到她，花点时间了解她。我敢保证，她超级特别。我原谅你在我需要时没有陪在我身边，原谅你不是我理想中的爸爸，原谅你犯过的那些错误。一切都还来得及，我们还有的是时间前行。我想向前走，我邀请你和我一起迈向明天的生活。我全心全意地爱着你，比你所想象的更爱你，也将永远感激你的存在。

我永远是你的小姑娘。

爱你，直到永远。

拥抱、亲吻

Sources of weakness can transform into your most important and influential sources of inner strength.

第十章

与内心的超级英雄并肩战斗

大家好，请允许我向大家介绍一位名叫力力（LiLi）的超级英雄。她戴着眼镜，穿着白衬衫，扣子扣得整整齐齐，一副图书馆员的模样，乍一看很低调的样子。但是，她总能在最危难关头使出绝招，用她的人格魅力和聪明才智力挽狂澜。她从不依赖男生，全靠自己解决问题。有人会小瞧她，不过她最喜欢让这些人大跌眼镜。

你也许会问：这个力力到底是哪里来的？其实，是我创造了这个“第二自我”来保护我不受……自己的伤害。在我终于找到我的心理阴影——那些让我迷失自我的感受和把我引上歧途的想法——和不自信的根源后，力力诞生了。过去，我把这些阴影和不自信视作坏东西，竭尽所能想摆脱它们。但是我的心理咨询师告诉我，一旦挖掘出潜力，它们未必是坏事，我不必把它们当做我的弱点或障碍。换个角度想，它们其实是好东西，而且最终都会成为我的超能力。但是这个追寻过程并不轻松；不！对普通人来说真的一点都不简单……

在我六岁那年，我从英格兰搬到洛杉矶生活。那时，我有着最浓重也最可爱的英国口音，但是因为我的口音跟同学们的不一样，他们总拿我取笑。我一心只想融入新环境中，于是我开始留心听同学们说话时的语音语调，然后模仿他们的说话方式。我也模仿电影里的发音，特别是《彼得·潘》这部电影，我重复着彼得的台词，试着用更美式、更清晰的方式来发音。当时我真的非常不自信，一心只想得到大家的喜爱和接纳。现在回想起来，抛弃那么可爱的英国口音真是不可理喻的事情！如今我能够随时随地拿出我的原始口音作为秘密武器，简直是天赐的才能！我不仅可以在演戏的时候用上我的英国口音塑造角色，比如在拍摄《爱你，罗茜》的时候；我还可以用我的英国口音打开情绪阀门，与自己进行深层对话。第一次用英国口音拍摄电影的经历真是妙不可言，我比以往更加贴近真实的自己，而且这种感觉来得如此简单：一瞬间，我又变成了那个乡间小姑娘，故乡的记忆如潮水般涌现，我感到轻松自然，畅快无比。曾经让我在新环境中格格不入的乡音，现在让我找回了自己。

直到今天，这都是最让我感到平静，
最有家的感觉的地方

尽管力力是个左突右击、上天入地的超级英雄，但她也是个会为自己的容貌而不自信的普通人。我一直都清楚地知道，我看起来比实际年龄要小很多。我知道，我知道！这是我的福气，等我年纪大了我就会感到庆幸的——人们常常对我这么说。现在我的年龄渐渐变大，我确实为拥有一张娃娃脸感到庆幸。但是我在成长过程中最不想遇到的事，就是因为年纪小而不被当回事。十六岁那年，我曾多次尝试向电视台高层推销我的脱口秀创意，但他们甚至连我的发言都没听就否定了我的想法。我的娃娃脸也给试镜带来了很多困难，我几乎得不到跟我实际年龄相仿的角色。有一些同龄的演员长得比较成熟，他们定义了在荧幕上某个年龄的角色“应该长成什么样”，那长得显小的我怎么能有机会饰演与他们同龄的角色呢？就因为这个原因，我丢掉了好些我很喜欢的角色，不得不转而考虑接演更年幼的角色。

对我的娃娃脸的讨论和负面评价着实伤害到了我。不管是在会议室、模特选角现场还是电影试镜片场，我总能听到类似的意见，这种情况甚至延续到了今天！我曾经任由别人对我的评价影响我的自我认知：在好长一段时间里，我感觉自己仿佛陷入了成长停滞之中，仿佛没法长大一样。但问题是我不能改变自己的外貌，浓妆华服都无济于事，我在为自己无法掌控的事情而浪费时间。我真正需要做的是接受现实，成熟起来。我做到了。现在，我很享受在告诉别人我多少岁时对方流露出的惊讶之情。有位女士曾对我说，你看起来只有十五岁，我告诉她，我其实已经二十五岁了！她脸上的震惊错愕让我捧腹大笑，感谢她给我带来的这份欢乐。诚然，我要花更长的时间才能逐渐接演年长一点的角色，但换个角度看，我还能接着扮演年轻的角色，比如《弱点》（*The Blind Side*，2009）中的柯林斯·陶西，《白雪公主之魔镜魔镜》（*Mirror Mirror*，2012）中的白雪公主，《圣杯神器》（*The Mortal Instruments*：*City of Bones*，2013）中的克拉蕾·弗瑞等。这些角色造就了现在的我，而如果不是因为我的娃娃脸，我可能就与她们无缘了。现在的我不再被年龄和长相的问题所困扰。时间是无比珍贵的馈赠，所以我没有任何理由主动拨快时针。往事不可追，我要把每分每秒都活出精彩！

从穿校服的学生时代到现在：我永远是
生活的好学生，拥抱未知，用心领悟

我觉得自己心胸挺开阔的，富有同情心，从不隐藏自己的感情，总是先人后己。这些都是很好的品质。但是，正是这种性格导致我在恋爱中缺乏自信，不敢表达自己的真实想法。我前面说过这件事，在谈恋爱的时候我一般选择逆来顺受，因为这比做自己更轻松一些。对我来说，照顾好男朋友是头等大事，而我自己的需求根本不值一提。我担心如果我说了男友不爱听的话，或者无法满足他的要求，他就会离我而去。我把自己排在第二位太久了，没有给自己内心的真实想法以足够的重视，从不表达它们。

不过，在交往了几个鼓励我勇敢表达真实想法的男生之后，我意识到自己的感受其实和别人的感受一样重要。倾听内心的声音能够帮助我们理解自己，保护自己，这是我们所能做的最有力量的事情之一。倾听内心的声音还能够让我们成为更好的伴侣，因为我们本就清楚心中的理想伴侣是什么样子的。我跟自己作了约定，决不因为恐惧或不自信而选择沉默或忽略自己的内心。我们的心是终极力量之源，我们需要这颗心来爱自己，然后我们才能爱他人。

我以前总是思虑过度，不敢顺其自然。恋爱中，工作中，生活中，都是如此。他为什么没有打电话过来？我做了什么？我为什么没得到那份工作？我当时还能做些什么？我通常不止提一个问题，我会彻底失控，歇斯底里一般想知道未来会是什么样子，这样我才能决定下一步应该怎么做。我一丁点儿错都不想犯。也许这种做法看上去挺合理挺聪明的，但是对未来的过度关注导致我无法好好地享受当下。我逐渐变得不敢放手。未知令我恐惧。这种恐惧一直延续到我成年之后，哪怕现在我也不敢在穿衣打扮上和工作中太过冒险，因为我担心局面失控。未知的结果令我害怕。冒险意味着搞砸，搞砸意味着成为尴尬的焦点。所以如果冒险的结果并不好，我为什么还要冒这个险呢？我可能会让自己像个傻子，非常地“不莉莉”。别人会怎么想我啊？

尽管我很想做一个不被他人看法所左右的潇洒女子，可我真的很在乎别人的评价。这也是人之常情，无法避免。不过在认识到我思虑过度的毛病后，我也意识到我要取悦的人其实只有自己。只要自己开心和自豪就够了。放手并不可怕，恰恰相反，放手正是生活中最美好、最神奇的旅程的开始。

思虑过度和对周遭环境过度敏感的另一个好处是，我成为了看人很准的人。通过多年来对人们的言行举止的仔细观察，我在各种环境里和各种人身边都变得游刃有余。我慢慢地在心中搭起一个防护层，使我对别人的评头论足和感情投射都刀枪不入。我努力不让他人的所言所思伤害到我，而接纳了真实的自己之后，我不再担心在别人面前选择放手会有什么后果。不自信赋予我的能力让我能够更好地辨人识人（包括求爱者），更好地活在当下，自如地离开自己的舒适区。从这个意义上来说，对自身弱点的认知让我变得强大。

因为口音被嘲笑，因为长得显小被轻视，谈恋爱时不敢表达，因为怕出丑而思虑过度——通过这些经验教训，我逐渐意识到我们的弱点可以变成最强大的内在力量之源。不论是生理上还是心理上的阴影，都不应该主宰我们的生活，改变我们的自我认知；既然它们多少会终生相随，我们就应该让它们为我所用。这些阴影是我们难以分割的一部分，如果我们能学会如何与它们共生共处，而不是一味抗拒，它们或许会激发出最好的自己，成为我们的最佳拍档。力力是超级英雄，这一点确实不假，但是她也希望能有增援部队，和她一起拯救世界。

You have to love yourself the most and use your voice. But when I used mine, I was talking to his addiction and it refused to hear me.

第十一章

与嗜酒成瘾者恋爱

和有成瘾问题的人交往实在太艰难了。相信我，我是过来人。有些男生在约会时总跑厕所，说自己膀胱不好；有些时不时喝得烂醉如泥，几天不见人影。我有个前男友从不承认自己嗜酒成瘾，几次戒酒失败的经历更是彻底辜负了我的信任，也将我们的关系推向了无可挽回的境地。还有我爸爸，他一直有酗酒的问题，所以我总为他提心吊胆。我对饮酒的看法深受他的影响，而有个酗酒的爸爸也迫使我逐渐看清我每段恋情的毁灭性模式，逼得我清醒过来，夺回主动权，作出改变。

我知道我并非无可挑剔，我也有过作践自己的坏习惯。因为对自己的身材缺乏自信，我曾经用极其不健康的节食和催吐行为来控制体重。我对食物（或者说禁食）和运动成瘾，但我绝对没有酒精或毒品问题。我和朋友也会深夜饮酒作乐，但对我来说喝酒既不是叛逆的表现，也不是逃避的手段。我从不为了喝而喝，为了醉而醉。我认为凡事都应该有个度，喝酒也要讲究时间和场合，更要根据自己的身体情况适可而止。我不是在比较不同的成瘾问题，也不认为我的成瘾问题比酗酒问题要正当，只不过因为我从来没有对酒精和药物产生依赖，所以我实在无法理解酗酒和嗑药的人。我可以理解的是，被自己无法掌控的东西所支配的感受。但是，我和我的前男友们不一样，我选择承认自己的问题，勇敢地面对它、解决它，而不是无视它、掩盖它。

经历了一次又一次感情创伤之后，我在痛苦和迷茫之际也开始反思，是不是我身上出了什么问题。或许那些男生以为我会安抚他们，对他们百依百顺，不会逼他们正视自己借酒精和药物所逃避的问题。又或许他们以为我是个善良又好骗的人。不管是什么原因，总之他们没有把我当回事，也没有给予我充分的尊重。我总是看到他们身上最好的一面，愿意相信他们，可他们却利用了这一点。他们总是对我说谎，当着我的面发表豪言壮语，绘制美好蓝图（一般在清醒后便忘得一干二净）。他们的感情仿佛有个开关，总在热烈和冷淡间频繁切换，这是最让我难过的地方。事实是，我只不过是他们的幌子罢了。我非常符合他们的父母朋友对一个好女友的标准，但我根本不清楚他们的双面生活。算我天真吧，他们晚上送我回家的时候，我从没想过他们还要接着奔赴夜的第二场。他们巴不得天天酩酊大醉，可我丝毫没有察觉，也完全没有意识到他们已经嗜酒成瘾。

为什么我老是交往有成瘾问题的男朋友？为什么我就是会被他们的喜怒无常和鬼话连篇所吸引？我觉得女人都是天生的培育者，我们总以为自己能帮助另一半变得更好，给他们带来希望。大多数情况下，女性同胞们都做到了。可是如果另一半根本不愿配合，那么我们再怎么努力也是徒劳，而且越是不放弃，就越容易被他们拽入深渊。我们牺牲自己的幸福，相信这份牺牲可以拯救我们所爱的人——无论在男友还是家人遇到成瘾问题的时候，我都是这么想的。这并非偶然，我就是喜欢像我爸爸一样充满创意、敏感细腻、有点神秘的男生。神秘之所以吸引人，是因为你永远无法预料他们下一秒的心情，下一步的举动。但忽冷忽热的伴侣并不适合我，这是种病态的关系。尽管他们时不时兴致高涨，但他们心情低落的时候往往低得吓人。所有的轻松、愉快霎时间变成了无边黑暗，他们内心的魔鬼、恶意、瘾症一下子都跑了出来。在他们失控的时候，我就成了那个得当机立断制止他们的人，可是他们无数次把我的好心当成驴肝肺，让这场战斗变成了我的孤军奋战。我非常难过，也筋疲力竭。最终我想开了，这样的男生对我来说太危险也太不健康。我下定决心和他们划清界限，并重新思考我的择偶标准。

在我所有的恋爱经历中，最让我难过的是一个以酒代药的前男友（就是那个在我指出他的成瘾问题后，索性人间蒸发的前男友）。我非常爱他、相信他。我们的爱情经历了许多阶段，期间我曾有过最快乐的时光，也曾体会过最刻骨铭心的痛苦。开始交往的时候，他已经戒酒好几个月，立志要过健康的生活。我们相处得非常愉快，感情生活顺风顺水。后来，他又开始喝酒，我渐渐发现了他的转变。他一碰酒就收不住，非要喝个烂醉，而他一喝醉便开启焦虑模式，烦躁易怒，极度敏感。他不相信我说的话，变得非常自卑。我不断安慰他，告诉他我爱他，可是慢慢地我说什么也不管用了。他的自我怀疑和自我厌恶悄悄地控制了他，而他只能用酒精麻醉自己，试图忘却真正的烦恼。在众人面前，他从来不曾展现出自卑的一面。喝酒时的他总是风趣幽默，富有爱心，是万众瞩目的焦点人物；人前的他很少生气，情绪一直都很稳定。尽管在那段短暂的时间里，他的状态超乎寻常地好，但我仿佛可以看见他的疑神疑鬼和低潮抑郁在一步步地逼近，而我却无能为力。我反对他喝酒，可我不想变成一个老妈子。我不想控制他、改变他，我只希望他能开心、健康，一切好好的。

他始终不肯承认自己酗酒过度，最终让我们的恋情难以为继。我清楚地看到他的酒瘾给他造成了多大的影响，又对我造成了多大的伤害。他的甜言蜜语常常让我非常不舒服，因为我也不知道这到底是他的真心话还是酒话。诚然，有时喝上一两口之后，说话做事都会更有勇气，但这份勇气只能维持一阵子罢了。再后来，我觉得我帮不了他了，所以我提议寻求他人的帮助。我不想让他生气，也不想让他觉得自己被抛弃了，可是这就是他听到我的提议后的反应。他以为我放弃他了。事实恰恰相反——正是因为我非常信任他，所以我不能眼睁睁看着他虚掷光阴，消磨人生。我不是在和他谈恋爱，我是在和他的酒瘾谈恋爱，而我当时的状态也并不健康。我知道自己深爱着他，但我也知道分手是正确的选择。我希望等他彻底摆脱了这些问题，我们还能重修于好。可当时的他根本无法理解我的苦心。我的心都碎了。

我决定和他暂时分开，各自解决自己的问题。也许把自己的问题搞清楚后，我们还有重来的机会。在分开的那段时间里，他接受了帮助，很认真地改过自新。再见面时，我可以明显感觉到他为此所付出的巨大努力。现在的他很诚恳，也很清醒。他终于肯承认自己有酗酒问题，那一刻的意义尤为重大。我相信他和他的改变，也相信我们的爱无坚不摧，尽管过去问题重重，我们的未来充满希望。不过，既然他努力戒酒，主动寻求帮助，积极对抗酒瘾，那为什么我俩的爱情故事还是没有童话故事般的结局呢？其实我到现在都没有想明白。他戒了酒，这不假，但他又转而毫无节制地喝起了无酒精啤酒。他只是用一个恶习代替了另一个恶习罢了，问题的根源并没有得到解决。我自己也曾这么干过，所以我知道这种行为只不过是创可贴式的治标不治本。对于我的前男友来说，戒酒只是成功的一半，剩下的另一半是想清楚自己为什么想喝酒。而他不再接受外界的帮助，也不再定期参加戒酒小组，所以他以往的焦虑和自卑仍旧阴魂不散。我从他行为的细微改变中看到了老毛病的故态复萌，只不过这一次，我对我和我们都更有把握，也更勇于说出我的顾虑，于是我鼓励他继续寻求专业的帮助。没想到我话音刚落，他就人间蒸发了，并且从此音信全无。

回顾这段戛然而止的恋情，我曾经认为是我的沟通方法不对。第一次主动提出分手，我心里一直隐隐有愧；第二次没能挽回局面，我觉得自己软弱无能。但后来我提醒自己，作出这些选择的是他，不是我。他的行为不言自明，他最后的沉默更是说明了一切。我无法拯救他。在我心中，他将永远占据一席之地，我也永远愿意保护他。但不管我从前和今后多么爱他，我的爱无法填补他的不自爱所留下的缺口。我曾经竭尽所能地帮助他，我对自己的所作所为不再有后悔。我信赖自己的直觉和感受，我也从未放弃他，甚至到现在都没有。只是我意识到这段恋情于我无益反有害，因此我划清了界限。我重视自己，所以我不会为了别人而牺牲自己的健康。这不是什么自私的表现，我们也无需为此感到内疚。这么做是聪明的选择。你一定要爱自己，勇敢说出心声。现在的我终于明白，当我说出我的心声的时候，我所面对的不是我的前男友，而是他的酒瘾，而他的酒瘾对我的话置若罔闻。

这段经历给了我意想不到的收获，尤其是在日后应对我爸爸日益严重的酗酒问题的时候。我一直不知道爸爸酗酒，直到我二十岁出头时，他的酗酒问题愈演愈烈，我才终于意识到问题的严重性。其实从我十八九岁起，爸爸身上就出现了酗酒的苗头，但是当时我还没有交往过有成瘾问题的男朋友，所以也不太清楚成瘾是什么样子。等我意识到之后，我才发现他的问题有多么显而易见。我还注意到他很擅长隐藏自己的问题，就像我患饮食紊乱症时一样。我总是为他提心吊胆，怕他出什么意外。但不管我说什么做什么，他依旧故我。喝酒成了他的逃避手段，他的应对机制。我担心我迟早会接到一通越洋电话，从电话那头得知无可挽回的噩耗。

幸运的是，在我、我的兄弟姐妹还有爸爸的好友坚持不懈的劝说下，他终于下决心戒酒，现在已经好几年滴酒不沾了。我从未放弃过他。尽管我一遍又一遍的唠叨让他不胜其烦，但我的决心从未动摇，我的内心也一直充满希望。我不停地告诉他，生活还有很多美好的东西值得期待，我的人生更是离不开他：他要在我的婚礼上挽着我的胳膊，把我交给新郎，他还要等待我的孩子出生。

像这样介入爸爸和前男友的成瘾问题，是我所做过的最困难、最沮丧、最痛苦的事情。这件事最困难的地方在于他们的问题完全不受我的控制，对于我这么一个追求一切可控的人来说，简直是折磨。我逐渐了解到，如果人们选择用酒精和药物来麻痹自己，逃避现实，那么只有当他们愿意直面自己想要逃避的问题时，才能真正戒酒戒毒。如果不从根源上解决问题，他们永远无法摆脱酒精或药物的控制。爸爸自己想通了，才下定决心戒了酒。而我能帮他的只有那么多，我必须接受这一点。

不难想见，这些经历让我变得难以信任他人。有很长一段时间，喝了酒的男人的赞美都让我非常怀疑。我总在想，这到底是他的真心话，还是酒话？所有的交谈都要经过我的二度揣摩：说不定他根本不想和我一起旅行，不想带我认识他的朋友和家人；说不定他压根不爱我；说不定他没有他所说的那么喜欢我。有些男生虽然没有酗酒问题，但他们微醺时说的甜言蜜语竟然也让我浑身起鸡皮疙瘩。这种恐惧简直有毒，它摧毁了许多原本真诚而美好的时刻。现在的我必须努力克制自己，不要把过去的经历投射到新朋友身上。我无法控制所有人的处事方式，更不能对人们说的每一句话都心存怀疑。

与有酒精、药物依赖的人交往，是无法真正地培养感情的。到头来，受伤的总是我。他们越不愿承认自己的问题，我所承受的就越多。谁知道我做得够不够多，够不够好？在他们眼里我是什么？他们为什么总是玩消失，总是戒不掉？他们到底在逃避什么？我觉得自己又茫然又不受尊重，简直就像个傻子。但是，这些经历也让我更加强大，更加清醒，更加开阔。我比以往更加了解自己，更加信赖直觉判断的对错。毕竟我不希望再度陷入被欺骗被利用的境地。为一个人真心付出那么多，他却不敢直面真相，寻求帮助，只想自我毁灭，这种经历实在是太痛苦了。寻求帮助并不等于软弱无能，这反而需要极大的勇气，甚至能拯救你的人生。

I now view food as energy for my mind and body rather than something to be scared of. Because without it, I can't grow stronger—emotionally, mentally, or physically.

第十二章

食物是能量，不是惩罚

“爱是最重要的食材”——这话虽然没什么新意，却说得在理。只有用上真心才能做出终极灵魂料理，那是每个人的生存必需品。长久以来我都不曾领会这一点，也没有意识到喂饱自己的身体和灵魂有多么重要。我花了十几年才认识到烹饪不是一件可怕的事——恰恰相反，烹饪使人强大。小时候，我很喜欢在厨房流连，品尝妈妈做的菜肴。我最期待的就是和她边吃饭边聊天，饭后再来点甜品，一边吃一边收看我们最喜欢的电视节目。虽然我喜欢烹饪的仪式感，我却从没试着自己下厨过。我有很多朋友从小开始学习烘焙，他们常常带着美味的劳动成果参加学校的点心义卖或者分给同学们吃，但我从来没这么做过。时间跳转到我和饮食紊乱症的斗争最胶着的高中时期，无需多言我更不会学习烹饪了。直到二十岁出头，我终于能直面自己的饮食问题的时候，我交往了一个真心与我相爱的男生，这段恋情促使我真正作出了改变。

从第一天起就在厨房晕头转向

照顾他人能使人强大，我一直很渴望通过照顾所爱之人获得力量。那时候，我的男友是我第一个想要长期交往的对象，我甚至想象过跟他结婚的场景。我从小就梦想着做一个贤妻良母，和他在一起后我终于下定决心实现我照料他人的梦想，于是我快马加鞭地开始学习那些被我忽略了多年的生活技能。而且，为他烘焙也有助于培养我对食物的积极情感，重新唤起与食物相关的有趣而美好的回忆。更重要的是，这是我主动作出的选择，我终于从厌食症手里夺回了一部分对自己生活的控制权。我总算感到我的自信和勇气回来了，我作好了冒险的准备。

为了更好地向大家解释食物和烹饪于我的意义，我稍微倒个带，说说以前的故事。最初，食物是我的童年中非常美好的存在，我所有关于食物的回忆都是快乐的。在英格兰生活的那几年，我在农场里吃着农家食物长大。我还记得那些美味的英格兰佳肴，家附近的酒吧，还有英格兰的各种烹饪传统。搬到洛杉矶之后，我和妈妈每周都会一起去超市购物。每周一放学后，我和妈妈一起定制当周食谱，然后去超市进行采购，顺便问候我们在那儿工作的朋友们。超市成了我俩最喜欢的地方之一，采购也成为了一项重要活动（包括免费饼干和各种试吃试用）。回英格兰探亲的时候也是如此，我们一下飞机就直奔超市，采购我们想念了好久的亲切食物：重口味农家切达奶酪、马麦酱、酸洋葱、巧克力消化饼干、巧克力甜橙味小蛋糕、热腾腾的十字面包、香肠……我在货架间奔跑穿梭，从货架上疯狂扫货，或者干脆站在货架前盯着琳琅满目的选择发呆。我们会花好长时间讨论晚餐的食材和菜谱，然后回到家妈妈做菜的时候，我就坐在厨房餐桌前专注地看着一切，闻着一切。刚回英国的头几天，因为时差的缘故，不管晚餐有多么丰盛，我们还是会像上了发条一样半夜醒来，然后起床吃早餐：在吐司上抹上烘豆，配上茶和饼干。这成了我们调整时差的灵丹妙药。那时，食物是一种享受，一剂良药，是充满正能量的东西。

大概因为我实在是太不熟悉烹饪了，所以我对烹饪的原理和过程非常感兴趣，不论是现场看人下厨还是看厨艺节目，我都乐此不疲。自《顶级大厨》[①] 开播以来，我就一直是这个节目的忠实粉丝，我一集不落地收看这档花样百出的厨艺比赛，对着大厨们精心准备的佳肴流口水。主厨们用的是我从没听说过的食材和我完全想象不出的烹饪技法，他们的创意和热情深深感染了我。后来我开始接触素菜食谱，对于看起来简简单单、吃起来回味悠长的菜肴非常着迷——选择不吃肉并不意味着要连同美味一起割舍。我在书店里看了无数本烹饪书籍，有不少现在还摆在我的厨房台面上。我在某年暑假读了一本叫做《吃蛋糕》[②] 的小说，这是一个上了年纪才开始做烘焙生意的女人的故事，小说讲述了烘焙如何在感情上和身体上彻底改变了女主人公的人生。我还记得读罢此书的我在想：如果她可以作出尝试，为什么我不行呢？

答案很简单，我的饮食紊乱症不允许我这么做。在

① 《顶级大厨》（*Top Chef*），开播于 2006 年的美国厨师真人秀节目，已播至第十六季，并有众多派生电视节目。

② 《吃蛋糕》（*Eat Cake：A Novel*），初版于 2004 年的英文长篇小说，作者为珍妮·雷（Jeanne Ray）。

厌食症和暴食症统治了我的生活之后，我从来不允许自己吃一顿饱饭，更不可能允许自己把不清楚配料表和卡路里数的食物吃进肚子里。对我来说，严格控制进食量已经非常困难了，更别提尝试新的食材和料理了。我关于饮食的焦虑逐渐演变为关于放手的焦虑，我曾经的一切随缘和勇于尝试的态度不复存在。但是，有一些习惯根深蒂固，难以改变：我还是会站在超市货架前，久久地盯着货架上的商品。只可惜，那个时候它们都是违禁物品，那些曾带给我欢乐的食物成为了我的自我折磨。

终于，在与我的饮食紊乱症进行艰苦鏖战之后，我实在忍无可忍了。我受够了被食物控制的感觉，受够了害怕吃点什么就变胖的感觉，受够了因为贪嘴破个戒而懊恼不已的感觉，受够了在自己的厨房中无所适从的感觉，受够了漫无目的地翻阅美食杂志的感觉，受够了空手参加派对的感觉。我已经二十四岁了，却几乎没有下过厨，这实在是太荒唐了。我需要，也想要变得更独立。于是，我收集了所有厨具的使用说明，强迫自己从最简单的如何开关电器开始学习，直至掌握所有复杂设置。接着，我用谷歌疯狂搜集各种食谱。当时，驱使我学习烹饪的那位男友刚好要开始无麸质饮食[①]，考虑到他的特殊情况，我就不能使用传统烘焙用的面粉给他做甜点了。我想，既然开始学了，不如让难度更大一点，挑战做无麸质素食吧！说不定虔诚地追了那么久的烹饪综艺节目终于要派上用场了！不过就算用不上，我也从来不是个避难就易的人——现在更不会知难而退！

我打印出几份看上去美味又简单的食谱，紧锣密鼓地筹备了起来。因为担心出师不利，我没有告诉任何人我的计划，我不想给自己增加额外的压力（我自己给自己的压力就够多的了……）。我带着一份厨具清单走进了厨具商店，开始了疯狂的采买。在这种商店里，你会遇到的最大困难就是一下子什么都想要，哪怕是你从来没听说过的餐具。万一我要用到牛油果剥皮器？或者十

① 无麸质饮食（gluten-free diet），就是严格戒断含有麦麸的食物。主要用于治疗乳糜泻与麸质过敏患者，但也被一些明星及运动员当作减肥健身方法。

个杯子蛋糕糖霜喷头？或者可以发热的黄油刀？或者十五个大小不一的烤盘？或者大象形状的量勺？不过我还是尽量保持冷静，专注寻找我做菜要用到的厨具。买到两手满满当当，我就付款离开，前往超市。

现在，我离不开这个打蛋器了

而逛超市可是完全不同的打怪体验。我血洗了前几个礼拜只敢远观不敢亵玩的货架。因为不太熟悉无麸质的食材，所以我见到超市员工就问某种食材在哪儿，甚至某种食材是什么。超市就像个大迷宫，完成购物任务后我感到非常有成就感。现在，我只需要把这些食材放到锅里，祈祷自己不要折腾出火灾来！

我回到家，卸下购物袋，开始干活。我把每道菜的原材料分类摆放，然后制定了工作表。我的任务很简单：为妈妈做一顿有好几道主菜的晚餐。我没告诉她这件事，因为我想给她一个惊喜。而且说老实话，我也不希望她知道了之后一直查看我的进度。我的晚餐菜单是：自制鳄梨酱配薯片，冷藜麦沙拉佐洋葱、番茄、黄瓜、大蒜，蒸三文鱼佐蔬菜、香草、柠檬、龙舌兰；甜点是巧克力碎藜麦饼干——这道甜点很快就会成为我的拿手菜。

我列出所有计划，设定定时器，打开音乐，然后全力开动。你知道吗？厨房就是我的天下。我大概花了三个小时才完成所有菜肴，但我可以非常自豪地说我没有搞砸任何一件事。每道菜我都尝了味道，调味调得恰到好处。我不敢相信我完成了这一切！我，莉莉，一个被当做厨房小白的人，竟然满分完成了每一道菜品。

烘焙大师辛勤工作中：英格兰乡村的玛芬狂人

准备开始制作饼干的时候，我的自信心已经爆表了，而我的烤箱对即将发生的事还一无所知。我揉好面，放入冰箱醒上四十分钟，同时利用这个时间把案台清理干净，把所有厨具归位。接着，我开始搓制黏稠的面球，并小心地放到两个烤盘上，再把烤盘放进烤箱，关上烤箱门，暗暗祈祷。我的视线根本没离开过烤箱的玻璃门。我每隔一会儿就凑上去闻一闻，光是那香味就足以让我迷醉了。终于，饼干烤制完成，我让它们冷却一会儿，同时把其他菜装进保鲜盒，打电话告诉妈妈我这就开车去找她，要给她个惊喜。出门前，我闭上眼睛尝了一口饼干——我无法描述那一瞬间有多么奇妙，那一口如何改变了我的人生。那扎实的口感，那甜蜜的味道，那刚刚好的温度，造就了最美味的一口。我知道这么说听起来很夸张，有的人肯定不屑一顾："姑娘，不过就是个饼干而已，有什么大不了的?"但是对于我，一个对甜点敬而远之那么多年，哪怕连想一想做甜点都

传奇般改变我的人生的巧克力碎藜麦饼干

会感到愧疚的人来说，亲手做出那么好吃的饼干，意义太重大了。我非常自豪，我和我的恐惧打了一场遭遇战，并且大获全胜。

于是，我出门和妈妈分享我的成功去了！我迫不及待想看到她会作何反应。当我打开门，把一堆特百惠保鲜盒递给她，告诉她这是我为她做的晚餐时，她只是看着我，然后大笑不止。我又重复了一遍：这些都是我做的，然后打开了保鲜盒盖。她沉默了。请记住：在她二十四年为人母的生涯中，她从未见我下过厨，她甚至从没见过我烤吐司。她接过一个保鲜盒，拿起叉子，将菜送进嘴里。你知道吗？她超喜欢！我本想留下看她吃完所有的菜，不过我还是让她先跳到了甜点环节，在我离开前尝了一口我的饼干，她也超爱我的饼干！虽然她花了好几分钟才相信是我做了这些菜，不过等她回到家时，她的难以置信都烟消云散，只剩一个劲儿地表扬。直到现在，她和我的朋友们还时不时地让我做巧克力碎饼干给他们吃呢。

那一天在厨房埋头苦干的时间花得太值了，这项爱好彻底地改变了我的人生和我对食物的看法。烹饪开启了我探索新世界的大门，我常常在谷歌上找菜谱看，有时就是纯粹图个乐，有时是为了准备日常晚餐，有时是为了准备节日大餐。我从不曾想过，总是坐在厨房里看妈妈下厨的我，有朝一日会变身妙手小厨娘，把妈妈的厨房变为我的新天地。现在回英格兰老家的时候，我再也不会在厨房袖手旁观了。圣诞节期间，我会花上好几天的时间认真准备一年一度的圣诞大餐，在平安夜亲自

下厨做菜，包括我最拿手的圣诞香草蛋糕。对了，还有蛋糕的装饰，真要说起来，给我三天三夜的时间都讲不完。

甚至在外地拍摄的时候我也开始做烘焙了：布朗尼、杯子蛋糕、玛芬、面包、马卡龙、蛋糕、甜甜圈、派……烘焙成为了一种特殊疗法，让我暂时逃避现实的烦恼。每一天，我与饮食障碍的抗争都取得一丝进展，每一道新菜式都让我有新的收获。我的作品和网上示例图片里的并不完全一样，但是它们充满了我的爱和辛苦劳动，这才是最重要的事情。

虽然我是为了一个男生才开始学习烹饪的，但这早就是过去的事了。现在，我下厨是因为做菜让我身心愉悦，让我有时间做自己，放松心情，纵情创作。烹饪让人安宁，因为你知道按照菜谱一步步操作最终会做出什么样的菜品；烹饪也给人一种自由感，因为你可以临场发挥，天马行空。成功的时刻自然意义重大，不过，我也会大方承认失败的尝试，比如原材料的比例搞错了，或者我自以为天才般的想法只是个大灾难。我从这些失败中吸取教训，争取下一次做得更好。烹饪让我学会放过自己，学会摆脱因为吃这件事而产生的负罪感。现在，我不再害怕食物，我把食物当做身体和灵魂的能量。食物是能量，而非惩罚，充足的食物让我的情绪、心理和身体变得更强大。下厨给自己做顿好的，真是人生一大快事。连我弟弟都很喜欢吃我做的饼干，这可太了不得了，因为小孩通常都不喜欢“健康”的食物，尤其是素食巧克力。我的朋友们也很喜欢吃我做的饼干，他们身处不同城市，甚至不同国家，却总是要我去找他们时带上我的甜点。烘焙成为了我对自己和他人的馈赠。我想我应该已经变身成了“那个”女孩，那个摆脱了食物的控制，将人生的主动权夺回自己手中的真正的烘焙大师。

＃先薯条后男人

Choosing how and when
to admit my truths allows
me to take back the power
that my insecurities had
once stolen.

第十三章

说出你的秘密

所有女人都想变得更美，这已经不是什么秘密了；真正的秘密是，变美的压力成为了很多女孩的紧箍咒，让她们变得极度不自信。虽然人们都说，女人的烦恼都是一样的，但是当其他女孩——尤其是女明星——公开承认她们的自卑时，我们还是会感到不可思议。美艳动人应该是一件毫不费力的事情，所以某些顾虑和“弱点”就成了禁忌话题，甚至根本不值一提。但是我相信，如果我们大方地说出内心的恐惧，自由地谈论它，每个人都能赶走自卑，重获自信。

我们都知道在二十一世纪做一名女性是种什么样的体验。也许彼此的故事各不相同，但我们多少都经历过大汗淋漓的健身训练，也都曾悉心制订过饮食计划。很显然我和全天下的女人一样，都对自己的身材感到不够自信。可是，有的女孩似乎并不明白这一点，所以我想在此向大家说出我的秘密。

最近我和朋友的女儿——就叫她格蕾丝吧——聊天时，这个十四岁女孩的想法让我发现了这一误区。因为我不谈自己的不自信，也不谈自己每天如何与自卑作斗争，很多人就理所当然地认为我完全没有这个问题。格蕾丝和我从时尚和上学的话题聊起，聊着聊着就聊到了饮食和锻炼的问题。她立刻打开了话匣子，告诉我她与时尚杂志上的女生之间的差距让她非常沮丧。女明星们在专访里说她们从来不节食，也不喜欢运动，而读了这些专访的格蕾丝就真的相信有的人从来不用努力经营自己的外表，也从不会感到自卑。这让她感到十分困扰。她说在她和朋友们看来，她们崇拜的那些模特和女演员是天生丽质的骨感美人。

首先要说明一点：不管你是谁，从事何种职业，没有人是完美的。完美是不可企及的目标。我花了好长时间才悟到这个道理，当时年幼的我试图达成完美，为此伤害了自己。格蕾丝是一个坚强又美丽的姑娘，但即便是她，都相信杂志上包括我在内的所有艺人模特都是天生完美的。我感到非常不安。她和朋友们怎么会认为我从不曾感到自卑？更糟糕的是，她们怎么会认为我每天吃着芝士汉堡（我根本连红肉都不吃），不去健身房锻

有些女孩生来就闪闪发光

炼，却仍然拥有现在的外形（更何况我的外形也没什么与众不同的地方）？但她就这么相信了。大众媒体所设定的不切实际的完美标准影响了格蕾丝的自我认知，透过她的眼睛，我能感受到她的灰心丧气。这真是太荒唐了。

格蕾丝话音刚落，我就给了她一个大大的拥抱，告诉她千万别这么想。自记事起，我就一直在为了获得自信而不懈努力，我最不愿看到的就是她由于对我的误解而感到自卑，因为我在她身上看到了当时的自己。

我像格蕾丝这么大的时候，根本不知道要如何接受自己的身体，如何平衡生长和控制生长的欲望，如何屏蔽我脑子里“你还不够美，还不够瘦，还不够好”的声音。现在回想起来，当时的我根本没到关心这些事情的年纪，外形不是那个年纪的女孩该操心的事。我并没有给自己顺其自然做一个正常小孩的机会。所以，我绝对不会让我的小朋友重蹈覆辙。

我得让格蕾丝明白，人人都有同样的感受，杂志里的人和读杂志的人之间不存在什么天壤之别。毕竟有时我也会暗自拿自己和杂志上的女孩作比较，尽管我很清楚这些照片被修了无数次；女明星们讲述自己如何不喜欢健身，又总是敞开肚子随便吃的专栏采访仍然会影响到我，尽管我对她们卖人设的目的了然于心。

我对格蕾丝说，人生还有很多其他值得关注的事情，例如拥有一个健康的生活作息，了解自己的需求，给自己的身体提供充足的能量，说起食物的时候尽量不用“节食”等字眼。我还告诉她，在我的成长过程中，对于保持身材的过度关注时不时喧宾夺主，让我没能尽情地享受当下，享受人生。

我无法改变自己的过去，也不想去改变。我能做的就是不断向前，吸取以往的经验教训，并把这些生活的智慧传授给像格蕾丝一样的年轻女孩。尽管我的身材问题不会彻底消失，但是现在的我能够更好地认识这个问题，也学会了从积极的角度来看待这个问题。我好好吃饭，坚持锻炼，强健体魄——这一切不为取悦他人，只为成为更好的自己。我学会了不让身材问题或者别人的看法左右自己。我结交的女性朋友都充满积极向上的能量，她们鼓励我、启发我、帮助我，而坦然接受自己的身体就是我所有努力的最好回报。

我们结束谈话的时候，格蕾丝的眼里闪动着无价的光芒。压在她心上的石头似乎终于被挪开了，我可以感觉到她如释重负，而我竟然也因此感到轻松畅快。原来，在和她交谈的同时，我也在和年少的自己对话。我开导着十四岁的莉莉，教会她抛却自我怀疑，接受真正的自己，拥抱纯粹的自由。

能有这次机会说出自己的秘密在我看来是件幸运的事。这不仅让我和格蕾丝的关系更加亲密，也让我更加了解自己。我多希望我年少的时候，也能有一个有过相似经历的人和我聊一聊。焦虑并不会因为我们闭口不谈就自动消失，不坦诚面对，就无法真正解决这些问题。和格蕾丝的一番交流让我再次意识到媒体的巨大作用：在相互的比较中，不仅我的自我认知，其他女性对我的看法也受到了影响。真实和幻想只有一线之隔，有时我

自以为没有让别人的意见左右自己，但事实上并非如此。这一点认识更加鼓励我大方承认自己的不自信，并坦诚地和他人分享我的心路历程。

如果我在格蕾丝的年纪就能明白这个道理，我也许不会感到那么孤单。选择如何坦白以及何时坦白自己的不自信，让我夺回了被自卑偷走的力量。我不会再让自卑控制自己的人生。把所有不自信藏在心里有百害而无一利，如果我能向信赖的亲友说出我的秘密，我就能获得更多的理解和支持，而这才是最重要的事情。

By sharing, we learn that we're not alone, that we're not so different after all. We're all human. We all want to feel part of something greater.

第十四章

多沟通，多交流

如果我们愿意敞开心扉，分享心事，我们能与任何人产生共鸣，哪怕是陌生人。这是一件多么奇妙的事啊。数不清多少次了，我和偶然遇到的人因为共同的感情困扰、家庭问题、日常烦恼而变得亲密起来。这就是生活的奥妙：人们经历着相似的经历，感受着同样的感受。人是社会动物，作为人类，我们都想成为某个集体的一部分，但有的时候我们固执地认为没有人能理解我们的处境，自己与周围的人格格不入，所以即使我们内心察觉到了与别人沟通交流的本能愿望，也往往难以成行。我们成为了自己的头号劲敌，在交锋中节节败退，最后撤退到内心的角落——正是这种自我孤立阻碍了他人在我们最需要的时刻走入我们的内心，提供鼓励和支持。事实上，我发现主动与他人交谈很有好处，能够释放压力，纾解恐惧，而他人往往能够理解我的处境，他们自己或他们的朋友也许曾有过相同的经历，他们倾听我的感受，对我表达他们的理解和支持，从而帮助我理顺思路，稳定情绪。而我也像他们一样，扮演了一回格蕾丝的倾听者。

开启谈话少不了主动开口的那个人。为了鼓励人们敞开心扉，我们必须创造一个安全的环境，不管房间里只有两个人，还是多达两百人，只有安全感才可以让人们卸下防备，说出真心话。我在哈佛西湖高中读书的时候，曾参加过一个名为“同伴支持（Peer Support）”的志愿项目。学生们被随机分组，每组由两名学生负责人、两名学生受训者和若干名学生组成，组员们每周一在指定教室参加两小时的交流活动。我高中三年都参加了这个项目。那种充满支持和包容的环境鼓励我畅所欲言，我从中收获了勇敢表达自己的自信，也学会了如何用倾听的方式把爱传递给其他组员，给予他们支持与力量，帮助腼腆的组员说出自己的心事。交流活动不会让你感到冷冰冰的，也不会让你感到害怕，而且全程没有大人在场，所有内容都对外保密，因此我们都更加放松。你可能会想：保密？怎么可能？——毕竟高中时代总是充斥着流言蜚语和背后中伤。但是事实并非如此。这个项目让我们获益良多，它对我们每个人都非常重要，所以保密是一项近乎神圣不可侵犯的规定。我们不仅仅是恰好生存在同一时空里的一群人而已，我们是彼此支持的同伴。一群有着相同经历和感受的陌生人成为了朋友，那一瞬间，高中这个又大又可怕的地方变得小而温馨。在那之前我从未想过会有共同点的一些人，却成为了我高中三年的重要旅伴。我可以伏在他们的肩头哭泣，可以对他们展开最灿烂的笑颜，可以和他们一起放声大笑。我们说出内心最深处的秘密，暴露深藏在心中的恐惧，用这种方式摆脱了很多负面情绪。但重点不在于给出建议，真正重要的是倾听，让同伴自己思考，并试着自己解决自己的问题。这么简简单单的你说我听、我说你听，成为了一个强大的禀赋，而且将伴随我的一生。

没有 Wifi，我们聊天吧！

时至今日，我依旧十分珍惜我从“同伴支持”中学到的东西。每每和组员偶遇，我们总会一起怀念那段时光。这个活动不仅给我一种归属感，也给了我分享故事的安心感。表达自己的想法并让他人走进内心世界，是自我反思中的重要环节，也是寻找身份认同、走出成长泥沼的关键。

高中的“同伴支持”给我带来了极大的帮助，因此我决心要更多地投入到此类活动当中。妈妈是比弗利山庄一家咨询中心的董事，我见证了她投身这项事业的全过程，后来我也决定加入他们，成为中心最年轻的成员。在咨询中心担任志愿者期间，我帮助筹款并创立了一个旨在促进亲子对话、改善家庭关系的项目，和“同伴支持”有点类似，不过这个项目的参与者不仅是孩子，还包括父母（为避免尴尬，一家人会被分配到不同的小组中）。我们希望通过两代人的对话，让父母更加了解自己的孩子，也让孩子更加了解自己的父母。我们希望为两代人搭建一座桥梁，让平等的家庭对话促进孩子成长，增进代际体谅。在分享的过程中，我们会知道大家多多少少都有同样的烦恼，我们并不是一个人在战斗。我们不仅可以影响身边的人，更能为陌生人带来积极的改变。

我相信这种积极的影响不仅存在于小群体中，也能辐射更广大的人群，所以我参加了“我们的时代”① 的活动。这是专门表彰回报社群、促进赋权的年轻人的世界性公益盛事，能够在如此盛大的活动上发言，是我莫大的荣幸——有一次活动现场的台下有一万八千名位观

柯林斯姑娘们代表“旁观者革命”②
出席“我们的时代”活动

---

① 我们的时代（We Day），由解放儿童组织主办的年度活动，始于 2007 年。该活动为鼓励青少年而举办，不仅帮助解决举办地当地青少年的发展问题，也关注世界各地的青少年发展，主要通过邀请国家领导人、社会活动家及社会名流进行演讲或表演的方式激励青少年。

② 旁观者革命（Bystander Revolution），由麦肯齐·贝索斯（MacKenzie Bezos，作家、亚马逊首席执行官杰夫·贝索斯前妻）于 2014 年创立的反霸凌组织。

众！他们播撒着爱与包容，投身于改变世界的伟大事业之中。

我有幸认识了许多勇敢励志的孩子，他们反抗霸凌，鼓励人们理解差异、尊重差异，并勇于提出与所有人息息相关的问题。他们的事迹证明每一个人的故事都值得被关注，他们的言行证明分享故事是改变的关键。我们是哪里人，长得什么样，年龄多大，所爱是谁……这些都不是重点；重点是我们每个人都应该得到交流的机会，我们都有资格成为集体的一分子。原因很简单：因为我们值得。

The more characters you meet, the more character you build. The more colorful your story, the more colorful your life.

第十五章

从写作开始的旅程

讲故事是全球通用的沟通方式。我们用故事传递自己的感情和想法，和全世界的人建立联系。我们既可以把故事写在日记中，供自己反思总结；也可以把故事写成书、戏剧或发布在社交媒体上；还可以在观众面前或摄像机前公开讲述我们的故事。无论我们选择何种形式，能够坦诚分享是最重要的。我知道，这件事说起来容易做起来难——这本书的写作过程就充分证明了这一点。让别人进入自己的内心也绝非易事，我们害怕暴露弱点，害怕被人品头论足，也害怕显得软弱。但是，只有用笔和口传递自己的想法，我们才能变得更强大。讲述让我们搭建起与人沟通的桥梁，在逐渐开启的谈话中，我们会意识到，我们从不孤独。

用讲故事的方式和他人交流互动是一种真正的天赋，而我爸爸就拥有这样的天赋。小时候，爸爸总给我读睡前故事。就算连着好几天晚上听的都是同一个故事，但因为爸爸讲故事的声音一天一个样，我仿佛每晚都听到了一个新故事。

大多数人都不知道，我爸爸在成为音乐家前曾是一名演员。他在舞台边长大，小时候扮演过伦敦西区音乐剧《雾都孤儿》中的机灵鬼，成年后又出演了许多电影和电视节目。我这么喜欢讲故事，大概也和爸爸有关系吧，这种基因流淌在我的血液里。像爸爸一样，我喜欢通过表演和写作与别人分享我的热情所在，他在词曲中勇敢表达自己的做法鼓励了我。写作成为一件让我感到满足的事情，也正是因为对写作的热爱，我从十五岁就开始接触新闻行业。

那年夏天，我和妈妈坐在英格兰老家的餐桌边，我翻看着最喜欢的杂志，边看边想：为什么都没有我这个年纪的人写的作品？所有文章都是写给小女孩看的，但这些文章无一例外出自年长的人之手。作者推荐了很多他们认为年轻女孩会喜欢的东西，不错是不错，但我更希望读到一些真正知道的人写的东西，看到更年轻的主张和见解。

于是妈妈和我开始头脑风暴。我发现每本杂志的封底都有一个号码，我逐一拨通，请求和编辑通话——反正光脚的不怕穿鞋的，我就是个有点想法并且想付诸实践的小女孩罢了。有些杂志的热线打不通，有些直接挂了我的电话，只有两家杂志把我的电话转接给了负责人。其中一家对我的想法似乎挺感兴趣的，但是那位负责人无暇听我详细陈述；而另一家杂志 *Elle Girl* 英国版①的编辑对我则颇为热情，她提出想看看我的作品，并尽快安排见面。难以置信！我不但成功约到了一次面谈，还必须得准备一些像模像样的作品了。我的电脑里只有学校里的课程论文，而且家里没有网络，无法发送邮件。于是我快速开动脑筋，起草了一份计划书，到离家几英里之外的网吧把它发送给杂志社的编辑，再打印出我的照片和一些旧文章，放入刚买的文件夹中。我挑选了一套可爱又职业的衣服，然后和妈妈一起跳上了开往伦敦的火车。到达杂志社后，我让妈妈坐在编辑办公室外等我，我独自走进办公室，向编辑展示后来成为"洛杉矶机密（LA Confidential）"专题的初步构想。这

① *Elle Girl*，*ELLE* 青少年版，面向青少年的时尚杂志，2001 年创刊于美国纽约，有多个国际版本。英国版于 2006 年停办。

个专题的内容将涵盖洛杉矶最新最热门的娱乐场所、流行词、娱乐活动以及热门景点，并配上我的个人照片。专题的定位很明确：每月一篇稿件，向英国女孩介绍洛杉矶的生活。我希望不管是生活在伦敦的都市女孩，还是像我这样的乡村女孩，读了专栏文章后都能有所感触。克莱尔，我后来的编辑，当场决定把这份工作交给我。我激动得简直说不出话来。我真就凭借自己的一腔热情和一个点子，为自己挣得了这个机遇！

sussedgirl

LA Confidential

New correspondent Lily Collins reports from Beverly Hills on the latest trends to hit Hollywood

#1 Flea-market finds, Stateside

'Hey! Over here in the States, we ELLEgirls always want to know about life in the UK – and from your letters to the team at *ELLEgirl* UK, it seems you want to know as much about the US. So here goes – this is the first of my monthly reports on new styles, the places to go and updates on what I've been doing, to give you a feel for life as an ELLEgirl on the other side of the Pond.

'But before I get started, let me tell you a little about myself... I was actually born in Guildford, Surrey, so technically I'm a Brit, but my mom and I moved here when I was six. I'll be 16 in March and eligible for my long-awaited driving licence. I'm an aspiring actress/singer and live in the heart of celeb-crowded Beverly Hills. Life over here can be surreal and exciting, but

'FOR A TREAT I HEAD TO THE ROSE BOWL'

underneath all that glamour, it's basically the same – American ELLEgirls are as on the ball, style savvy and SUSSED as they are in the UK!

'My friends and I have recently picked up on the vintage vibe, hitting local flea markets for the best fashion finds. This month I've been to two of the hottest. The Melrose Trading Post flea market at Fairfax High School, which is low-key with a lively atmosphere, is held each Sunday and opens at 10am, and I go whenever I can for an hour or two.

'But for a real treat, I head to the Rose Bowl flea market at 1001 Rose Bowl Drive, Pasadena, which is on the second Sunday of each month. Due to its early start (ugh!), a stop at Starbucks is a necessity. Armed with an iced chai tea latte and muffin, I head for the vintage clothing and accessories stalls.

'The great thing about flea markets is that they're a social occasion too. Even though Rose Bowl is huge, I always run into people I know. I recently went with a friend and we came back with bags filled with glam gear. I found vintage Lacoste sweaters, cowboy boots, belts, purses and, of course, tons of jewellery. Our motto is: "Better to buy vintage than to spend much more for a brand-name item." You don't have to be a model or a celeb and pay haute couture prices to work the latest runway trend – we do it every day, and most of our styles originate from these flea markets!'

this month I've been mainly...

ELLEGIRL 117

这份经历让我大受鼓舞，我热切地渴望和世界各地的同龄女孩建立联系。即便生活在地球的不同角落，人与人之间也存在许多共同点，我的经历就充分证明了这一点。我渐渐开始收到读者来信，信中说他们非常喜欢我的文章，甚至去了我写过的地方。收到这些反馈后，我的编辑便考虑让我试着写写社论，但是这个提议刚提出不久，*Elle Girl* 就停办了。幸运的是，克莱尔跳槽时把我也一起带到了下一份杂志，我为新杂志又撰写了几篇文章。同时，我也开始为美国版 *CosmoGirl*① 写稿，并为 2008 年 11 月刊斯嘉丽·约翰逊的封面专访撰稿，在这篇文章中探讨了投票的重要性。此外，我还为 *Teen Vogue*② 和 *Seventeen*③ 撰写在线文章。后来我甚至成为了《洛杉矶时报杂志》的特约编辑（因此拥有了人生第一张名片！）。我不仅讲述着自己的故事，还报道了许多

① *CosmoGirl*，面向青少年的美国时尚杂志，1999 年创刊，2008 年纸刊停办，转为线上网站。

② *Teen Vogue*，*Vogue* 青少年版，面向年轻女孩的美国时尚杂志，2003 年创刊，2017 年纸刊停办，只发行在线电子版本。

③ *Seventeen*，面向 13—19 岁女性的美国时尚杂志，创刊于 1944 年。

具有新闻价值的故事，我感觉自己成为了一名真正的记者。

我写得越多，就发现我和读者们的共同点越多。我把写作当做自我表达的渠道，与众人分享观点、视角、声音的平台。不仅如此，我还拥有了为别人发声的平台——我可以代表同龄人问一些他们想问却不敢开口，或不知向谁求教的问题。年轻读者可以通过我增进对某些话题的了解，或者在时尚、政治、娱乐、家庭、自尊等年轻女性所共同面临的问题上开拓一些新的视角。在我的笔下，没有什么话题是禁忌话题，也没有什么话题

令我羞于启齿。如果那意味着我需要首先坦陈自己的尴尬往事，那也没关系！

我在新闻行业找到了自己的声音，我决定把我的声音传播给更多人，而电视理所当然地成为了我的最佳选择。我依旧保持着我的初心：我相信代表年轻一代的年轻声音能够对社会产生重大的影响。由一个少年人来讲述故事、提出问题并进行报道，将更加有助于年轻观众的理解和接受。于是我试着接触电视台，推销我的脱口秀方案，并最终成为了尼克国际儿童频道[①]的主持人，开始主持一档名为《全美烂泥》[②] 的暑期节目（是的，小时候的我也有过浑身涂满烂泥的幻想。除了有一点热，有一点黏，闻起来有一点倒胃口之外，浑身烂泥的感觉棒极了）。在这份兼职工作接近尾声的时候，我向电视台表达了出任全职主持人的愿望。后来，我为这家

① 尼克国际儿童频道（Nickelodeon），1979 年 4 月 1 日于美国开播的一个主要面向青少年的有线电视频道，后推广到不同国家和地区，现有多个国际版本。

②《全美烂泥》（*Slime Across America*），尼克国际儿童频道推出的一档大型户外互动节目，在美国全境巡回，面向少年儿童开展以该频道标志性绿泥为特色的游戏活动并进行电视转播。

电视台常规节目之间的串场短节目担任主持人，偶尔也报道电影首映礼前的红毯仪式，并一步步地成为了儿童选择奖[1]的新晋红毯记者。

我的儿童选择奖红毯仪式后台媒体通行证

我还参加了尼克国际儿童频道在 2008 年总统大选

① 尼克频道儿童选择奖（Nickelodeon Kids' Choice Awards），简称 KCA 或儿童选择奖，是由尼克国际儿童频道播出的一档年度颁奖礼，旨在奖励由该频道观众投票选出的年度杰出电视、电影以及音乐表演。

期间推出的“儿童选总统”[①] 节目。当时还是个十八岁大学生的我造访民主党和共和党大会，采访现场的选民、两党代表和其他竞选工作人员，向他们了解两党候选人所探讨的话题，以及第一次参与投票的我应该知道

总统就职日，尼克国际儿童频道 2008 年
“儿童选总统”节目，华盛顿

① 儿童选总统（Kids Pick the President）是由尼克国际频道制作的一系列特别竞选活动，通过模拟选举选出儿童心目中的美国总统。自 1988 年以来，该节目成功预测了除 2004 年（乔治 · 布什）和 2016 年（唐纳德 · 特朗普）之外每一次总统大选的结果。

些什么。我甚至在华盛顿特区报道了奥巴马总统的就职仪式！当时我冷得直哆嗦，几乎连嘴都张不开，但这些都不要紧——我在现场见证了历史。通过全程报道总统大选活动，我不仅大长见识，而且还帮助广大青少年增进了对国家大事的了解。我把我的声音传递给了所有青少年。

相较于讲故事这一行为本身，故事后续所引起的对话具有更为深远的影响。我们摸索着把自己呈现给读者，希望能够与他们产生联结，可我们不知道能否如愿。这就是你最喜欢的作者、记者、演员、音乐家的日常。是什么让你注意到他们的作品？他们的故事里有哪些地方让你产生了共鸣？想一想，那本书、那篇文章、那部电影、那张专辑让全世界的人和你一样感到震撼，这是多么有力量的事情。这些故事教导我们，团结我们，启发我们。故事的作者启发我们。或许有一天你也会给别人带来巨大的启发呢？所以，记得要表达自己的主张，珍惜自己的过往，做自己的故事的主人，并用新的经历来充实它。你遇到的人越多，你的人格就越成熟；你的故事越精彩，你的人生就越精彩。

Our greatest triumphs in life don't come without having to navigate both the ups and the downs.

第十六章

万事皆有因，一切都是最好的安排

我一向认为“不行”的理解方式有两种：一种是“不行，这不属于你”，另一种是“不行，现在这还不属于你”。选择前者意味着接受失败，让别人左右自己的人生，把自己是否要进行挑战的决定权交给别人。选择后者意味着选择暂时接受现状，并想方设法把“不行”变成“行”。也许只是时机未到而已！你如何把握人生的下一阶段，如何开启新的生命体验，如何应对生活给你使的绊子——这些无不定义了你是谁，以及你真正想要什么。让你丧气的拦路虎也许会为你打开新世界的大门，这就是我在遭遇挫折的时候依旧保持乐观和动力的奥秘。

让我们倒带回到我的十六岁。那时，我的梦想是做最年轻的脱口秀主持人，我的目标是成为泰拉·班克斯、艾伦·德杰尼勒斯和芭芭拉·沃尔特斯[①]的结合体。这个组合很酷吧？我觉得以年轻人为受众的杂志需要年轻的声音，同样地，电视节目也缺少来自我这个年龄段的声音和观点。我认真地做了调研，并为此制作了一套完整的幻灯片展示，用柱状图和饼状图呈现我的调研结果。我构思了两套截然不同的节目方案。方案一：邀请几位年轻人上节目讨论热门时事，紧接着再采访一位明星嘉宾和一位专家嘉宾，像《观点》[②] 一样；方案二：由我来做明星访谈，由嘉宾选择他们喜欢的场地和活

① 泰拉·班克斯（Tyra Banks）、艾伦·德杰尼勒斯（Ellen DeGeneres）和芭芭拉·沃尔特斯（Barbara Walters）均为美国著名女性电视制作人和主持人，三人背景迥异，风格不同，但都在主持领域大放异彩。

②《观点》（*The View*），芭芭拉·沃尔特斯制作并主持的一档著名日间脱口秀节目，于 1997 年 8 月首播。节目形式主要为一群不同世代的女性就当日的社会、政治、娱乐等新闻热点发表看法，进行讨论，并会邀请知名人士，在节目中对其进行相关话题的采访。

动，例如到他们家里一起下厨，到游乐园玩游戏，一起登山，一起到画室作画等，总之是他们喜欢的活动。我认为这两个构想都比传统节目来得更年轻、更现代。

所以我立即着手开动，十六岁的莉莉装备了一千张传单，跃跃欲试。我走进一个又一个会议室，向比我年长四十岁有余的电视台高层宣讲我的想法。大多数人全程冷峻地盯着我，把我当成一个怀抱不切实际幻想的傻姑娘。他们质疑我的观众群，不相信有人能够成功吸引这么年轻的观众（这毕竟是很久以前了，当时YouTube、Twitter、Instagram都还没流行起来呢）。他们并不理解我的想法，也不认为年轻人需要一个发声的渠道，甚至否认年轻人对发声的渴望。我得到了无数个否定的答复，多到我都数不过来了。尽管我有明确的目标、清晰的计划以及迎接挑战的雄心壮志，我还是没能说服他们接受任何一个方案。

那正是我“万事皆有因，一切都是最好的安排”的人生信条起作用的时候：在我看来，如果当时我如愿成

工作中：报道尼克国际儿童频道
2008 年“儿童选总统”节目！

为了一名脱口秀主持人，今天的我就不会是一名演员了。但这个认识来得可不容易，我曾自我怀疑，也曾灰心丧气，花了不少时间才最终认识到这一点。接了几次表演工作之后，我回首这段往事，意识到如果做主持人的道路一帆风顺的话，我就根本不会走上表演这条路，因为观众在电视上看到的“真实莉莉”越多，就会越难接受我在电影和电视剧里所塑造的人物形象。所以说，尽管被拒绝让人心碎，但这份拒绝下藏着机遇。

在我努力争取主持脱口秀节目的同时（很显然我从来不能只专注于一件事!），我也开始涉足模特和演艺行业——两个充斥着拒绝和否定的行业。我参加试镜，却曾多次在进门前就被拒绝。我还记得没能获得 Abercrombie & Fitch[1] 广告代言的时候，由于长得不够成熟而失去一支香水广告机会的时候，我有多么沮丧。那几年，我因为长得太嫩，长得太老，发色不对，缺乏经验，或仅仅因为不是他们要找的款型而被拒绝。每一次的拒绝都像是一次失败。我永远不会忘记我得知自己无法出演《绯闻女孩》（*Gossip Girl*，2007—2012）中珍妮·汉弗莱一角的那一天，我和我的纽约梦失之交臂。在那些时刻，我怀疑过自己。但我并没有就此认为自己不够好，并未因此而灰心丧气。我努力接受批评，并从中吸取经验教训，不断成长。而往往直到下一个好剧本、好机会出现的时候，我才彻底领悟，原来所有的经

① Abercrombie & Fitch，美国服饰品牌。

历都不会白费，一切都是最好的安排。至于模特事业……在我终于承认自己的身材问题和饮食障碍之后，我很庆幸我的模特事业从未起步，毕竟整个行业环境不利于我的健康，而身体的大病小灾大概就是上天向我传递的讯息。

扮演柯林斯·陶西的莉莉·柯林斯在《弱点》拍摄现场

随着年纪的增长，生活变得愈发复杂，命运安排给我的困难也只增不减。大学申请季的时候，我每天都焦虑地等待邮差送来录取通知书。有些信带来了好消息，有些信带来了坏消息，后者让我的心为之一沉——那是被拒绝的沉重。好消息也不轻松。虽然我获得了两所心仪学校发来的录取通知书，却不知道究竟应该选哪一所。许多人主动给我当参谋，结果让我在各种意见中晕头转向！我的申请季战况是这样的：若干封拒信和两所理想学校的录取——南加州大学和纽约大学。尽管我很想离家求学，但我知道为了工作我必须留在洛杉矶。我已经为我的事业投入了大量的时间和心血，离开洛杉矶等于前功尽弃。因此，我决定留在洛杉矶上南加大，一边上课一边继续追求演艺事业，走一步看一步。

但是，在经历了那么多痛苦挣扎后，我还是在大二结束时决定退学。当时为了在亚特兰大拍摄《弱点》，我不得不往返奔波于东西两岸，实在无暇兼顾学业与事业。刚作出这个决定的时候，我心里很不好受，但是后来我想开了，我不希望人生留有任何遗憾，而错失眼前的职业机会会使我抱憾终生。将来如果我愿意的话，我一定会重返校园，读一个我非常感兴趣的专业，专心完成学业。我的导师和我充分探讨了这个选择，并对我的最终决定表示支持。如果我没有选择南加大，我可能没有勇气作出这一决定。

正式成为大学生啦！大一刚入学时参观南加大校园

“这件事为什么会发生?”在工作和学习中，这个问题也算是个不小的难题。不过在恋爱的时候，这绝对是最令人愁肠百结的问题。你可能会不断地质疑自己——哪里出错了？究竟是谁的错？我还能怎么做？——并因此裹足不前。我想，每一次分手都是因为上天有更好的安排。相信我，我懂：一段关系的结束仿佛世界的终结，有时我觉得自己再也不会获得幸福了。但是随着时光的流逝，你内心的伤口逐渐愈合，你会重振旗鼓，再度出发。这一次，你至少知道自己的心能承受多大的打击。我坚信每一次的相遇都是为了教会我什么，好让我为下一次的相遇做好准备。不过只有等到下一个人的出现唤醒了我在上一段关系中所学到的东西，我才真正坚定了这个信念。比如，我曾经遇到一个比我年长一点的男孩，他是第一个直白地告诉我他不想找女朋友的人。虽然那种心碎不堪回首，但他的坦诚让这件事明明白白地过去了，没有给我造成任何困扰。若干年之后，我发现自己遇到了和他一样的处境。谁也不想这样，但至少这回我知道应该如何应对，而不用欺瞒当时的男友。

有时候，我们不太容易看出“万事皆有因，一切都是最好的安排”到底好在哪里。我们想不明白，自己到底做了什么而招致如此巨大的痛苦？承受这些苦难的意义究竟是什么？但是，我们只有找到更深层的意义，才能为人生中最黑暗的时刻送去光亮。如果我从未经历过感情虐待，我或许永远不会发现自己的真实想法，也不会获得反抗男友的勇气。对于所有以分手告终的感情，我都是这么想的。我从来不把这些感情视作“失败”，因为我从他们每一个人身上都学到了很多，也更加了解自己，包括我是谁，我需要什么，我能够给予什么。有时候，你得经历不愉快的人、不能忍受的事，才能发现谁真正对你好，以及与人相处时最好的自己是什么样子。我相信我们都有掌握命运的能力。但是相信命运的力量也让我能够心平气和地看待每一段感情的终结，因为我知道那意味着一个新的开始。

不经历风雨，人生哪得见彩虹。如果不曾付出过巨大的努力，我不会为自己今天的成就感到如此自豪。说到底，因为相信“万事皆有因，一切都是最好的安排”，我卸下了许多心理负担。今后，我依旧会遇到许多挫折，但我只会越挫越勇。这句话时刻提醒着我，我无法掌控别人，唯有掌控自己的人生，打好手上的牌。所以，感谢所有给我发了烂牌的人，感谢所有拒绝和否定过我的人——是你们让成功的滋味更加甜美。

The universe gives us
nuggets of inspiration
every once in a while
during our most trying
times and, if we're open
and willing to see, they
can prompt immense growth.

第十七章

首尔探秘

写下这一章文字的时候，我正在韩国拍摄电影。每天，我都会花上几个小时一个人待在酒店的房间里，坐在桌前，一边喝茶一边俯瞰首尔。尽管此刻有一千万人与我一同身处这座城市，我还是时不时感到十分孤单。我想家了。我对这座奇妙的城市感到疏远、陌生，同时却也沉浸其中，我抓紧一切闲暇出门游玩，探索首尔的热门景点和秘密宝地。不过，想家或出门旅游都不能成为我拖着不写书的借口，我必须要全力以赴完成这本书的写作。说实话，我宁可继续拖延下去，仿佛只有这样才能让我的故事永远保持开放的状态，好让我永无止境地修改、重写，总之就是不交终稿。因为我真的不知道该如何收尾，如何写下自己的终章。

犹记得刚开始构思《真实的莉莉》并为其挑选写作素材的时候，这几乎是一个不可能完成的任务。在写作这本书之前，我从未如此坦诚，也从未将这么多私人生活公之于众。但我深知，如果我能够敞开心扉，我不仅能够帮助他人也敞开心扉，还能让自己变得更为强大。事实的确如此：我写下的故事越多，倾吐的秘密越多，我在日常生活中对他人就越坦诚。即便有人提出什么尴尬或禁忌话题，我也会欣然加入对话。我变得百无禁忌，仿佛返璞归真了。不仅如此，我分享的故事越多，就能和越多有过相似经历的人产生共鸣。我希望我将来的读者也能拥有我现在的状态：不觉得自己格格不入，不觉得自己疯狂，也不觉得自己孤立无援，总之，感觉自己不是一个人在战斗。揭露自己的秘密成了一种治疗，而在此之前我甚至根本不知道自己需要这样的治疗。在这个过程中，我意识到我的人生无论如何都不可能达到完美，它是一个不断更新的故事，有高潮也有低谷，有光亮也有黑暗，还有不期而至的新的际遇。上天总是在我们最努力的时候给予一些启示。如果我们敞开心扉，睁大双眼，这些启示将给我们带来巨大的成长。我在韩国时的经历就是最好的证明。

我在首尔的日常：窝在住处，坐在角桌前，
拿着我的电脑，稍稍有些疯癫

但在回到首尔的故事之前，我想先说说在我去韩国之前所发生的事情。我在飞去首尔前刚刚结束了电影《骨瘦如柴》的拍摄。出演这部电影是我最可怕也最美好的经历。我在剧中扮演的角色艾伦和曾经的我一样，深受饮食紊乱症的折磨。最开始接到剧本的时候，一想到要重新体验厌食症，我的心情就十分沉重。为了扮演这个角色，我需要大幅减重。即便这是为了表演，即便有专业营养师严密监控我的健康情况，但是一想到严格的节食计划、严酷的自我约束以及可能导致的心理影响，我依然忧心忡忡。不仅如此，为了精准刻画饮食紊乱症和艾伦的精神状态，我必须要召回我以前那种不健康的思维方式。我能把戏里戏外的自己区分清楚吗？我能坚定自我，不让自己一直以来的努力前功尽弃吗？我可不想这个老毛病真的卷土重来。是的，距离我患病最严重那会儿已经有十年之久了，但我这些年来一直在努力恢复当中，这是一个持续渐进的过程。然而，我内心深处有个声音告诉我，我必须把来时的路重新走一遍，我不能拒绝这个机会。这个角色将迫使我直面自己以往的问题，并且用电影永远地记录下来。更重要的是，包括我在内的许多人都需要听到这个故事，因为尽管越来越多的人受到饮食紊乱症的困扰，不分男女老少，但是公众仍旧对这个话题避而不谈，而这部电影有望打破沉默。我说不出有多庆幸自己出演了这部电影。通过直面自己的问题，摆脱所有的羞愧，我获得了超乎想象的能量。勇敢作出参演的决定与这本书的写作是分不开的。如果我没有用写作展现真实的自己，我也不知道自己是否会答应出演这部电影，就算出演，恐怕也不会像电影最终呈现的那样坦诚。在读到《骨瘦如柴》剧本前的一个星期，我刚好完成了关于饮食障碍那一章节的写作，直到那时我才真正承认并接受了我的过往。

现在回想起来，《骨瘦如柴》真是最好的创意康复治疗。关于厌食症，电影的拍摄让我思考了许多之前从未思考过的问题。拍摄结束后，我的心理负担得到了有效缓解，我感到自己比十年前厌食症最严重的时候要强大多了。尽管为了拍摄电影，我的身体和情绪刚刚经历了大起大落，整个人还处于十分脆弱的状态，不过，我决定把注意力放在我的成长上，而不执着于任何虚弱的迹象。毕竟我在一周后就要前往韩国拍摄电影《玉子》了。我要一个人跨越大半个地球，到一个完全陌生的国家工作生活。在这部电影中，我所扮演的角色是一个体格强健，专门保护弱小的女汉子。无论是人物设定还是体格形象，她和我的上一个角色都有着天壤之别！我需要把为了拍摄《骨瘦如柴》而减掉的体重健康地长回来，不仅为了变回正常的莉莉，更是为了贴近我的新角色，她跟厌食症可沾不上一丁点关系。有时我站在酒店房间的镜子前，看着镜中薄得像纸片一样的自己，我怎么也想不明白十年前的我为什么希望自己能瘦成这样，这副模样怎么会是自己梦寐以求的状态。我的大脑原本能轻而易举地骗过我，让我再度相信骨瘦如柴依旧是我的梦想。但一切都已经过去了，我也不是那个傻姑娘了。我仿佛破茧重生，摆脱了我的旧躯壳、旧生活，成为我梦想中的那只华丽而强壮的蝶。十年前的莉莉一定会再度身陷那种病态的思维不可自拔，但现在上天给了我最好的理由，让我快快恢复健康，摆脱病态思想。这意味着，我内心深处那些紧闭多年的门终于打开了。

既然打开了这些门，我便不得不面对我压抑多年或自以为早已忘却的情绪和回忆。在韩国的时候，我好几次以为自己又要倒退回去了。我害怕厌食症再一次控制我的生活，让我与健康渐行渐远。在这个陌生的国度，我一句韩语也听不懂，大多数食物连认都不认得。我的一个好友曾说过，减肥难，增肥更难——她说得一点儿不错。但是，我努力控制着自己不要被过去的恐惧打倒。我好不容易才走到今天，绝不能让这个老毛病又赢回去。于是我常静静地坐着，任凭我的思绪流淌。感到孤独无助的时候，我就和妈妈及朋友们通电话。我接受所有的帮助和指导，主动向至亲之人寻求爱与支持。我知道我需要他们，我可以需要他们，而他们也给我提供了巨大的支持和直白坦诚的建议。我的一个闺蜜让我别对自己太严格，该放手时就放手，别总想着把以前的体重长回来，把注意力集中于唤回以前的自己。就算要花很长时间，甚至长于我的预期，但我最终一定能做到，我会重获健康，我会重获力量。

挣扎是人生常态。但我并未让困难定义我是谁，我反而利用这些困难进行深度反思和感悟。我用食物填饱自己的胃，一顿饱餐不仅让我感到心满意足，也为我提供了思考、探索和写作所需的能量。我加入了新的美食小组，在一家韩式烤肉店吃了我十五年来第一餐猪肉和牛肉，我甚至还有幸和著名佛教大厨静观师父①一起下厨呢！

我们和静观师父一起准备的精致菜品，包括传统韩式辣白菜、小葱饼、沙拉和酱汁

---

① 静观（Jeong Kwan），韩国全罗南道长城郡白羊寺的寺尼，朝鲜菜厨师。曾在 2017 年出演网飞（Netflix）纪录片《大厨的餐桌》（*Chef's Table*）。

结束拍摄回到洛杉矶后，我依然保持着下厨的习惯。自那之后，我的午餐和晚餐都能吃上几个小时，席间我不仅尝试新菜肴，和朋友分享彼此的食物，我甚至还会点些甜品，与朋友边吃边聊，单纯地把吃饭当做一件有趣的社交活动来享受。我发现我根本不用天天自带干粮，也根本不用为不知道下一道菜是什么或下一顿在哪儿吃而惊慌失措。我重新恢复了健身运动，但是这次我没有马力全开急着消耗热量，而是不紧不慢地按照自己的节奏来安排健身计划。就算哪一天没有去健身房，我也不会感到内疚。我重新了解自己的身体，学着倾听它的需求，如果它需要休息，我就给自己放个假。我积极地拥抱变化，并了解到我可以用健康的方式控制自己的身体。我才是恢复过程的关键。为了恢复健康，我要行动起来，因为这是我的愿望。从现在起，我所练出的每一块肌肉，增加的每一分体重，都是我坚持锻炼的成果，是我用汗水和爱浇灌出来的果实；它们都源自我心底那份正能量。也许终有一天，我能够见识到自己本来的身体是什么模样。我慢慢接受了身体的自然代谢，如果我吃撑了，或是超过了我平时习惯的饭量，我会选择带着不适感静静坐一会儿，把那些熟悉的内疚从心头赶走。让我惊讶的是，饱胀的感觉通常在三个小时之后就消失了，有时我甚至还会饿得肚子叫。这么多年来，我严格控制自己的身材，不让身体的自然需求得到满足，所以现在体会这种消化的过程，感受我的身体如何一点一点地吸收营养，简直是妙不可言的体验。在这段兼具教育性和治疗意义的经历中，我在方方面面都感到了极大的满足，我的心灵、身体、灵魂真正地融为了一体。

琳琅满目的广藏市场（首尔著名传统小吃、纪念品购物市集）

然后我遇到了一件意想不到的事情。在治愈自己的过程中，我听到了深藏在自己心底的那份瘾的声音。我的很多前男友都有成瘾问题，但我没想到自己也有同样的问题，而且还很严重。它控制着我，对我发号施令，真的恐怖极了。在修炼自己、治愈自己的过程中，我逐渐学会分清瘾的声音和我真实的声音。我调高了真实声音的音量，并尽量将瘾的音量压到最低。这段经历帮助我理解了找到一个健康平衡点的重要性。我为未来想的越多，就越发确定我不想再背负这些负面情绪的包袱。我今年二十八岁了，总有一天我会想结婚生子。组建家庭是我人生最重要的事情之一，我不仅想为自己而活，我还希望为别人而活，并且以最健康最幸福的状态迈入这个人生新阶段。我希望让我的孩子继承我的故事，而不是我的毛病。我希望做一个能记住转瞬即逝的美好的人。我希望回首这一生，我不曾为无谓之事浪费时间，任何人任何事都不曾使我黯淡。我希望我看上去和实际上一样强大。为了实现这些愿望，我必须要活在每一个当下，不为无法掌控的事情担惊受怕，也不强求掌控一切。

总之，我不会让“患病的女孩”这个过去的身份决定现在和未来的我。我知道，失去这个标签让我有些害怕，但我明白我的生活不仅仅只关于我的身体，我也不需要给自己贴上任何标签。谁都不应该给自己贴上任何标签。我还记得《骨瘦如柴》杀青的那天晚上，我在开车回家的路上经过我的高中，我的心理问题、恋爱问题、健康问题开始的地方。我看向窗外，笑了。当时焦头烂额的莉莉哪里知道，她所经历的一切都有更深远的意义：有一天她将和所有人分享她的过往，她将与年轻女性们一起发出自己的声音。你们不知道，坦诚分享、敞开心扉，做一个毫无保留的人，让我感到多么如释重负。我卸下了压在心头多年的包袱，得到了解脱。我还有那么多事要做，有那么美好的未来可以期待。也许我的治愈过程要持续终生，但那也没关系，反正我有的是时间来好好思考那些问题。这趟旅程没有终点，只有过程，而我深一脚、浅一脚地从未止步。在成长过程中，我给自己贴上了层层假面；现在，我想了解这一层层伪装下真实的自己。回到过去才能面向未来——我以前一直觉得这是句空话，但现在想来，这话说得太对了。时光不会倒流，我也不会变年轻，所以越早接受自己的过去，对所有的羞愧、遗憾、恐惧释怀，就能越早开始好好地生活，去爱与被爱。

Love Always
and
Forever

致谢

我并不总是一个很平易随和、超然洒脱的人，尤其是在写作这本书期间，感谢所有包容我的疯狂并依然爱我的你们。我很庆幸这趟旅程有这群可爱又真诚的人相伴，你们为我的写作提供了巨大的支持和灵感。以下致谢不按首字母排序，也不按重要程度排序（我保证！）。我爱你们每一个人！

谢谢：

妈妈——谢谢你一直鼓励我，做我的榜样。谢谢你鼓励我敞开心扉，谢谢你在我写书、成长、蜕变为女人的过程中无微不至的关怀。你从不评判我，只是爱我。我对你的骄傲之情和感激之情溢于言表，谢谢你给我的、教会我的所有。我爱你，直到永远。想对你说的话太多啦，我把其余的话留在了关于你的章节。

爸爸——谢谢你启发我、鼓励我尽全力去追求自己热爱的事业。谢谢你让我更加了解自己，即便你对此毫不知情。经历这一切，我长大了，成熟了。我依然为你所做的一切而感到骄傲，尤其是你勇敢作出的关于健康方面的改变。这话我说过无数次了：我会永远是你的小姑娘，永远需要你。我期待和你分享未来的点点滴滴。我爱你，爱到月球再回来。

Thom 和 Bill——谢谢你们从不评判我，谢谢你们总是耐心回答我的问题，谢谢你们十几年前坐在我身边，倾听对内心的挣扎尚一无所知的我的心事。你们传授给我的智慧，又由我传授给了更多的人。你们为我打开了意想不到的世界，帮助我在迷茫时找寻出路。从小学篮球赛到新电影的首映典礼，谢谢你们给我拍了那么多值得永久珍藏的照片，谢谢你们一直支持我。

Dan——谢谢你从我小时候起就一直培养我极富创造力的、精灵古怪的一面，谢谢你不断用你的作品启发我的灵感。你的艺术永远让我惊喜，你的爱心深深感染了我。

Candice——谢谢你，世界上最棒的阿姨。谢谢你这么多年一直陪我去固定的那几家餐厅，谢谢你忍受我麻烦的点餐方式，谢谢你在我上大学期间每天早上拿出酸奶和冰咖啡时没有给我白眼（至少没有当着我的面）。你了解我当时的各种怪癖，并包容了它们。你从未对我指指点点，在他人有所保留或言不由衷的时候也不惮坦诚说出自己的看法。谢谢你的好丈夫 Kyle，谢谢他忍受你的另一个“另一半”——我，谢谢他在我借走你的时候与我妈妈做伴。

Alex V. ——谢谢你，世上最特别的人，我有幸认识你并深深爱着你。谢谢你对所有人的爱，谢谢你不灭的热情活力。谢谢你和我一样爱好变装打扮，和我一样喜欢“文艺复兴节”，谢谢你和我分享你妈妈的爱，谢谢你把我妈妈当成你在洛杉矶的妈妈。你的笑声让我开心，你的拥抱给我温暖。我的生活不能没有你。

Jaime 和 Kevin——谢谢你们在我最困难的时候始终给予我的爱与支持。认识你们和你们漂亮的女儿是我莫大的荣幸。Jaime，我们一起吃外卖晚餐、一起做指甲时的对话，对我来说是无价的宝贵经历。谢谢你给我最衷心、最直白的建议。你从来不粉饰太平，勇于说出自己的观点。无论别人会有多么尴尬，你总是坦率又无拘无束。你是我见过的最强大、最独立也最有趣的女人，你就像一阵拂面的清风，令人神清气爽。Kevin，你给我的恋爱建议让我大开眼界，谢谢你对我坦诚相待，谢谢你和 Jaime 一样从来只说真话，而不是挑我喜欢听的说。我真不知道要是没有你们俩，我要如何熬过那几年。你们的友谊是我最珍贵的财富。很高兴一路陪伴你们为人父母，很荣幸成为了 Zoe 和 Blake 的阿姨。你们是我的家人，我会一直站在你们身边。

Liana——谢谢你多年前察觉出了我的不对劲，并及时提醒了我。谢谢你总是在我身边或在 Skype 的那头，听我抱怨男朋友或对某人犯花痴，即便你知道他们与我并不合适。也谢谢你总是坦诚说出这些看法，谢谢你不因为我不同意或不爱听就保持沉默。谢谢你在我经历了那次痛苦的分手后来片场探班，作我最需要的那味康复灵药。谢谢你与我一起讨论未来的规划和家庭的压力。谢谢你听我叙述我的痛苦挣扎，谢谢你在学校舞会上和纽约的夜店里作我的舞伴。不论是工作还是娱乐，你永远陪在我身边。在我进行反思的过程中，你不知道你的想法对我有多么重要。

Mark——谢谢你鼓励我学会放手，学会享受。谢谢你告诉我不要活得太累，教我坦然接受生活的变数，也谢谢你给我的感情建议。你真的很懂我。你从不评判我，跟你在一起的时候我从来不觉得自己有什么疯狂出格的，就算有，也是我俩一起发疯。我喜欢这样。你的独立精神给了我巨大的鼓舞，你一直是我的大树和港湾。我会一直守护在你身边，正如我知道你也会一直守护在我身边。

Alex A. ——谢谢你永远为我加油鼓劲，谢谢你总是及时向我伸出援手，从大一时的法语课，到我每一次搞不定高科技产品的时候。谢谢你在我最想家的时候来韩国看我，谢谢你给我带来家乡的点心，带我出门散心，向我介绍你的朋友和你所熟悉的地方，让独自在韩国拍戏的我不再那么害怕。我为你所冒的险和你所取得的成就感到自豪。这么多年来你的支持、鼓励、耐心给了我莫大的帮助。

Lorenza——谢谢你鼓励我接受自己的性感一面。谢谢你在我需要你的时候支持我，在我犯错的时候制止我。谢谢你原谅我在我俩聊私房话的时候不停地做笔记，因为我不想遗漏你的任何一句充满智慧的发言。你的幽默感和对生活的热爱深深感染了我，看到你取得了如此大的成就，看到你成熟了这么多，我感到无比骄傲。谢谢你的好老公Eli，谢谢他容许我偷走你，和你过二人之夜。你是我生命中的一股正能量，一道灿烂阳光。

Bella——谢谢你告诫我这件事会有多难，尽管当时我不愿相信你的话。在我跌跌撞撞终于理解了你的话之后，谢谢你仍耐心倾听我的抱怨和纠结。谢谢你带我认识了我人生路上的好几位挚友。谢谢你与我一起吃过的每一顿午饭、晚饭、下午茶，谢谢你和我一起分享秘密，释放真我，交汇灵魂。你的坦诚和直白让我神清气爽。你只做让自己开心满足的事情，我佩服你绝不被他人所左右的能力。

Johnny——谢谢你，我生命中最耿直的人。自从一年级我们成为朋友起，你总能让我开怀大笑。你可真是一点都没变。你坦白地指出我的问题，告诉我事情的真相。谢谢你从未放弃让我吃肉，让我尝试新鲜菜式，简直执着到烦人。但我知道这都是出于对我的爱，真朋友才这样！你总能让我重新振作，让我想起我是谁，尽管答案是个控制狂。谢谢你提醒我我是个控制狂，并爱我依然。你的记忆力比谁都好，只不过有些事情你还是埋在心里别说出来了（笑）。谢谢你鼓励我大胆打扮，我的衣柜里都是从前的我绝不会穿的衣服，但我现在驾驭得炉火纯青。你说得对，打扮好看了，我的自我感觉也变好了。以及我知道，你还等着我染一头金发呢！

Shelby——谢谢你从一年级起与我和 Johnny 组成三剑客。谢谢你理解那个挑食的我，包容点餐慢慢吞吞、挑剔到几乎是创作了一道新菜出来的我。谢谢你与我一同度过无数相互取笑的快乐时光。谢谢你独到的时尚感与审美，谢谢你鼓励我大胆尝试新造型。我慢慢地也接受了某些衣服穿在你身上就是比穿在我身上好看的事实。与你和 Johnny 的重逢实在太妙了，这些年我们的友谊似乎从未被打断，我们还像以前那么要好。这就是真正的友谊啊。有你的支持对我来说意义重大。每一次相聚一起回忆往昔，都是我藏在心底的珍贵。

Carrie——谢谢你这么多年在工作和生活中一直守护着我。谢谢你相信我，谢谢你让别人也相信我。谢谢你的真诚，即便是我不爱听的话你也敢大胆说出口。谢谢你长久以来的支持。谢谢你在我最困难的时候帮我找寻出路，谢谢你在我努力却不见成效的时候依旧支持我、鼓励我。你不曾放弃我，你让我看到事情的另一面。你不知道你对我有多重要，我无法想象没有你的生活。

Chelsea——谢谢你与我的邮件往来，那些让我开怀大笑的信正是我急需的。谢谢你成立了一个晚餐社，迫使我们到处尝试新餐厅。谢谢你在我恢复期间鼓励我把自己摆在第一位。谢谢你让我知道男孩们也能接受我古怪的一面。谢谢你重塑了我的世界观，让我相信就算不需要男朋友的女生，也可以想要有个男朋友。他们也会欣赏我的古怪，而那些不能接受的男生也不值得我浪费时间。谢谢你和我在闺蜜旅行中制造的美好回忆。我会永远支持你，相信你，我相信你也会这么做。

Mara——谢谢你在我自我反思的过程中给我介绍了最重要的一个人。谢谢你成为我生命中的光和前进的动力。我为你有个想法就将其付诸实践而骄傲。你的爱与活力让我的世界，甚至是全世界变得更好。是你几度给我的人生带来重大转变，当时我还不知道这些瞬间是多么的重要。我毫无保留地相信你。

Molly——谢谢你热心地鼓励我发掘“内在美”，谢谢你跟我掏心窝，谢谢你赋予我力量。谢谢你与我一起环游世界，在我筋疲力竭的时候作我的坚强后盾。谢谢你教会我相信自己，让我感受到自己由内而外的美丽。

Ciara——谢谢你教会我“女性力量”，谢谢你鼓励我认识自己的价值，谢谢你的从心所欲，谢谢你，我的酷阿姨。

Hart一家——谢谢你们这些年来把我和我妈妈当作你们的家人。谢谢你们全力支持我的所有决定。谢谢你们存着那些老照片，并在我需要的时候拿给我看，让我想起自己是谁。你们是非常重要的人，与你们相识，我三生有幸。

Sheryl——谢谢你从我还是小女孩时直到现在所给予我的爱与支持。我很幸运在长大后成为了你的朋友，而不仅仅是你的孩子的朋友。这件事想来真是美妙。你是我见过的最无私的人，因为认识你，我也变成了一个更好的人。

Hilary——谢谢你这些年来陪我聊过的无数个小时的天。谢谢你听我一遍又一遍地重复说同样的话，谢谢你从不评判我，谢谢你无论我好坏美丑，总是伴我左右。小时候我们一起穿我的小白袜，长大后我们一起为舞会梳妆打扮，这一路走来充满了故事。你是最棒的人，我真心感谢你的爱、友谊和建议。

Nick——谢谢你在我说出“我不想当演员”这话之后依旧坚持与我合作。我至今不敢相信当初我竟然说出这种话，但我很高兴你没有放弃我。谢谢你一路陪伴我，为我战斗。谢谢你在我一次又一次尝试的时候站在我身后。谢谢你作为舞伴陪我去了那么多派对，谢谢你和我共同创造了那么多“最难忘夜晚”的回忆。谢谢你多年前的及时出现，当时我甚至不知道自己正需要你那么做；谢谢你给我的关于男人，或者用你的话说，关于男孩的建议，它们真的非常好笑，但很有帮助。你为我多次出征，你就是我披着闪亮盔甲的终极守护骑士。

Jon——谢谢你在我提出写书的想法时非但没有觉得我异想天开，反而把 Cait 介绍给我认识，让这个想法逐渐变为现实。谢谢你陪我登山，一边汗流浃背一边听我絮絮叨叨。谢谢你给我的宝贵建议，谢谢你的坚定。谢谢你相信我，谢谢你作我的好朋友，我的哥们儿，我的真兄弟。

Christian——谢谢你的耐心倾听和暖心支持。谢谢你给了我此生难忘的机遇和回忆，谢谢你客观直白的建议。谢谢你带我认识瑜伽，我的身心通过瑜伽练习得到了平静，我也因此得以重新认识自己的身体。

Rob 和 Mariel——谢谢你们用时尚发掘出我的多面性格。谢谢你们推着我、拽着我迈出舒适区，让我尝试那么多不同的美丽造型。你们的艺术眼光大大地启发了我，我超喜欢和你们一起玩，一起笑。

Marti——谢谢你如此勇敢。谢谢你与我分享你的故事，谢谢你一直以来的坦诚。你的力量和决心鼓舞着我，拍摄你的电影《骨瘦如柴》对于这本书的写作至关重要。拍摄这部电影让我对自己有了更为深入的了解。你让我感到安全，感到被保护，为此我对你永远心怀感激。你让我知道，脆弱也是一种美丽，而最艰难的时刻中，往往会诞生最强大的自己。

Alex S. ——谢谢你站在我身边，在我最困难的时候给予我坚定不移的支持。谢谢你从不评判我。你有一颗善良的心，能与你共同拍摄《骨瘦如柴》，我感到荣幸万分。与你分享那些快乐时光，是我的福气。谢谢你送给我的《每天一只苹果》[1]，这本回忆录在戏里戏外都给了我极大的帮助。真的，我没骗你。在那些蒙着阴影的时光里，你照亮了我的世界。

Christina——谢谢你在韩国拉住我，没让我脱缰，谢谢你陪我一起体验首尔的热闹繁华。到首尔的第一天就在去超市的时候认识你，多巧的一件事啊。当时的我哪里会想到在拍摄《玉子》期间，你给我的恢复带来了那么大的帮助。要是没有你，当时我可怎么办呀。谢谢你鼓励我打破维持了十五年不吃肉的荤戒（虽然你之前不知道这件事，我告诉你之后，你大概为我难过了两秒钟吧）。谢谢你让我在韩国也有了家。

Nancy——谢谢你为我创造了一个充满安全感的环境，让我能充分揣摩我的每一个角色。谢谢你提出的每一个好主意。谢谢你从不质疑我的决定，反而一再鼓励我探寻更深层次的自我。谢谢你鼓励我适时放手，享受

---

① 《每天一只苹果》(*An Apple a Day: A Memoir of Love and Recovery from Anorexia*)，艾玛·伍尔夫（Emma Woolf）于 2012 年出版的回忆录，书中记录了她战胜神经性厌食症的经历。

当下。谢谢你花了那么多家庭时间，包括你的周末，帮助我渡过难关，和我一起讨论人物形象。我很珍惜与你共事的时光，是你的支持、爱与专业指导让我顺利完成了包括《骨瘦如柴》在内的多部影片的拍摄。

Michelle——谢谢你在过去六年中给我的帮助和支持。你就像一道光，在最黑暗的时候照亮我的前路；你的独到见解为我打开了全新的视角。因为你，我逐渐接受了自己一度引以为耻的过去，并且学会将我的弱点化为我的力量。你的建议、你的支持，是无比珍贵的东西。我会牢记你传授给我的所有智慧，珍藏你传递给我的所有正能量。我的人生不能没有你，你彻底改变了我，这份恩情我将永志不忘。

Fatima——谢谢你陪我一同度过最脆弱无助的时刻。谢谢你为我的人生带来积极的能量，让我感到平和安宁。你教会我如何接受自己的身体，关注自己的身体。你让我对哲学有了通盘的了解，大大改变了我对人类思想、身体、灵魂连接的认知。谢谢你赋予我力量，让我觉得自己无所不能。

Liz——谢谢你的指导、支持，还有你丰富的学识，你让我学到了以前从没想象过会接触的东西。你用客观又温和的方法指引我度过恢复期，你教会我的东西我将铭记终生。感谢上天让我们相遇相知。

Cait——谢谢你相信我和我的故事，谢谢你帮我实现了写书的梦想。没有你的热情指导，就没有这本书的顺利问世。

Sara——谢谢你，我最棒的编辑，你是这本书得以问世的大功臣。谢谢你从不评判我的故事，并且把它们当做自己的故事来看待。谢谢你耐心倾听我的各种想法，谢谢你快速回复我的大小问题，谢谢你出差的时候让我到你的办公室写作。谢谢你从不给我施加任何压力，为我营造一个安全舒适的写作环境。谢谢你在午餐和下午茶时与我开怀畅聊，花好多时间为我改稿。谢谢你从不试图让我伪装自己，从不质疑我的目的，在保持我的积极性和安全感的同时给我提出许多中肯又有创意的建议。谢谢你从头到尾都能理解我。这本书付梓了，但我们的友谊还有续篇。我真的很高兴与你相识，一切确实都是上天最好的安排。

哈珀·柯林斯出版社（HarperCollins）的其他同事们——谢谢你们对我的支持和信赖。谢谢 Veronica Ambrose、Bess Braswell、Barbara Fitzsimmons、Alison Donalty、Cindy Hamilton、Stephanie Hoover、Kate Jackson、Alison Klapthor、Jennifer Klonsky、Ro Romanello、Nellie Kurtzman、销售团队、Suzanne Murphy、Anna Prendella、Emily Rader 和 Elizabeth Ward，谢谢你们鼓励我，支持我，保护我。你们让我加入了一个温暖的大家庭，在我占领 Sara 办公室的那段时间里，谢谢你们热情地帮我熟悉环境。在完成这本书的最后一周与你们并肩作战的经历，是我此生难忘的回忆，这段旅程因你们而特别，因你们而完整。在那段日子里，我每天想到你们就格外有上班的动力。这本书的出版离不开你们的努力、合作和奉献。我们真的做到啦！

Dean——谢谢你多年来的帮助，谢谢你总能及时给我送来欢笑。谢谢你在接送机路上和我有一搭没一搭的对话。谢谢你从不对我的穿着指指点点（你大概见证了我最糟糕的衣品了），但也总是把你的看法如实相告。你其实都说到了点子上。感谢你为我和妈妈所做的一切，很高兴与你做朋友。

Ella——谢谢你，甜美聪慧的魔力女孩。谢谢你无意中让我更加了解自己。你优雅、端庄、智慧、迷人，我为你感到骄傲。永远不要忘记自己是谁，永远不要将就。你的父母肯定会为你保驾护航，但我还是要不停地对你唠叨这些道理。你是个奇妙的人，认识你是我的荣幸。

兰蔻——感谢你鼓励所有女性发掘自己的内在美，接受自己最真实的样子。感谢你彰显我们的个性，为我们带来自信，让我们由内而外地焕发迷人光彩。感谢你把每个人的不同视作个人特点，而非缺陷。感谢你对我的厚爱和信任。能与其他几位才华横溢、坚强励志的女性一起担任兰蔻的形象大使，是我莫大的荣幸。

所有曾在社交媒体上或当面与我分享故事的勇敢的年轻人——谢谢你们每天用留言给我支持和力量。你们对我的爱、对彼此的爱，美丽至极。我从没想过能成为社交媒体上这么一群相互支持的少男少女中的一员。谢谢你们亲手做的精美手工书和礼物。谢谢你们的祝福。谢谢你们在我最需要你们的时候给我带来微笑。谢谢你们创造了一个可供大家分享、互动的包容空间。你们的坦诚和勇敢鼓励我也像你们一样敞开心扉。真的，我从心底感谢你们给我的留言、照片、图画，它们给了我巨大的安慰。你们的热情和执着无与伦比，认识你们是我最大的幸运。

一些资源

本章所有内容在本书出版前已经过仔细核对，以确保信息准确无误。但是，以下信息难免挂一漏万，更不能代替相关专家的建议，在此列出，仅供参考。

如果我在书中提到的内容与你或你的朋友有关，可以参阅下面这些有助于进一步了解相关问题的资源。记住，向他人求助绝不是一种软弱，恰恰相反，迈出这一步需要巨大的勇气。无论你在经历什么样的困难，你都不必独自承受。

关于饮食紊乱症的资源：

- 暴食症：bulimia. com
- 饮食紊乱症中心：center4ed. org/resources. asp
- 饮食紊乱症希望：eatingdisorderhope. com
- 饮食紊乱症转诊信息中心：edreferral. com
- 健康少年计划：healthyteenproject. com
- 全国饮食紊乱症协会：nationaleatingdisorder. org

除了珍妮·雷的小说《吃蛋糕》之外，艾玛·伍尔夫的回忆录《每天一只苹果》在我结束《骨瘦如柴》拍摄后和写作这本书期间给了我很大的启发。艾玛在书中勇敢公开了她的神经性厌食症病史，她直截了当的文风，为了让自己向前看而对自己行为负责的态度，对我都是极大的鼓舞。她的书让我更加深入地挖掘自己的灵魂，学会与自己坦诚相处，写下更真实的自我，学会放手，自由地生活。

关于感情暴力的资源：

- 打破恶性循环：breakthecycle. org

- 爱是尊重：loveisrespect. org
- 全国家暴热线：thehotline. org

关于霸凌的资源：

- 霸凌计划：thebullyproject. com
- 旁观者革命：bystanderrevolution. org
- Olweus 霸凌预防项目：violencepreventionworks. org
- PACER 国家预防霸凌中心：pacer. org/bullying
- 停止霸凌：stopbullying. gov
- 青少年热线：teenlineonline. org
- WE 运动：we. org

关于心理健康的资源：

- 危机文本线：crisistextline. org
- 明天会更好项目：itgetsbetter. org
- 全国心理疾病联盟：nami. org
- 特雷弗计划：thetrevorproject. org